REGIÃO METROPOLITANA
GOVERNANÇA COMO INSTRUMENTO DE GESTÃO COMPARTILHADA

LILIAN REGINA GABRIEL MOREIRA PIRES

Márcio Cammarosano
Prefácio

Daniela Campos Libório
Apresentação

REGIÃO METROPOLITANA
GOVERNANÇA COMO INSTRUMENTO DE GESTÃO COMPARTILHADA

Belo Horizonte

2018

© 2018 Editora Fórum Ltda.

É proibida a reprodução total ou parcial desta obra, por qualquer meio eletrônico, inclusive por processos xerográficos, sem autorização expressa do Editor.

Conselho Editorial

Adilson Abreu Dallari	Floriano de Azevedo Marques Neto
Alécia Paolucci Nogueira Bicalho	Gustavo Justino de Oliveira
Alexandre Coutinho Pagliarini	Inês Virgínia Prado Soares
André Ramos Tavares	Jorge Ulisses Jacoby Fernandes
Carlos Ayres Britto	Juarez Freitas
Carlos Mário da Silva Velloso	Luciano Ferraz
Cármen Lúcia Antunes Rocha	Lúcio Delfino
Cesar Augusto Guimarães Pereira	Marcia Carla Pereira Ribeiro
Clovis Beznos	Márcio Cammarosano
Cristiana Fortini	Marcos Ehrhardt Jr.
Dinorá Adelaide Musetti Grotti	Maria Sylvia Zanella Di Pietro
Diogo de Figueiredo Moreira Neto	Ney José de Freitas
Egon Bockmann Moreira	Oswaldo Othon de Pontes Saraiva Filho
Emerson Gabardo	Paulo Modesto
Fabrício Motta	Romeu Felipe Bacellar Filho
Fernando Rossi	Sérgio Guerra
Flávio Henrique Unes Pereira	Walber de Moura Agra

Luís Cláudio Rodrigues Ferreira
Presidente e Editor

Coordenação editorial: Leonardo Eustáquio Siqueira Araújo

Av. Afonso Pena, 2770 – 15º andar – Savassi – CEP 30130-012
Belo Horizonte – Minas Gerais – Tel.: (31) 2121.4900 / 2121.4949
www.editoraforum.com.br – editoraforum@editoraforum.com.br

P667r   Pires, Lilian Regina Gabriel Moreira

Região metropolitana: governança como instrumento de gestão compartilhada / Lilian Regina Gabriel Moreira Pires.– Belo Horizonte : Fórum, 2018.

182 p.

ISBN 978-85-450-0484-4

1. Direito Público. 2. Direito Administrativo. 3. Direito Municipal. 4. Gestão Pública. I. Título.

CDD 341
CDU 342

Informação bibliográfica deste livro, conforme a NBR 6023:2002 da Associação Brasileira de Normas Técnicas (ABNT):

PIRES, Lilian Regina Gabriel Moreira. *Região metropolitana*: governança como instrumento de gestão compartilhada. Belo Horizonte: Fórum, 2018. 182 p. ISBN 978-85-450-0484-4.

Para Cecílio, Marília e Heloísa, com amor.

AGRADECIMENTOS

Gratidão é um sentimento de reconhecimento. É agradecer a todos que contribuíram para a realização deste trabalho e, em especial, à minha orientadora Daniela Libório, que, com paciência e precisas observações, soube me conduzir e incentivar na árdua tarefa de escrever uma tese de doutorado.

Aos professores Márcio Cammarosano e Pedro Estevam Alves Pinto Serrano, presentes na qualificação, pela contribuição e críticas corretas e bem postas que foram imprescindíveis para a conclusão do trabalho.

Aos jovens Israel Belleza, graduando de Políticas Públicas; He Nem Kim Seo, arquiteta e jovem advogada; e Marilia Gabriel Moreira Pires, jovem advogada, pelo empenho na pesquisa e colaboração durante toda a execução do trabalho.

A todos os meus amigos que me acompanharam durante essa jornada, em especial à Raisa Reis Leão, que me acompanha nas lidas diárias e difíceis na Secretaria de Transportes Metropolitanos, sem a qual não teria condições de levar a efeito a conclusão desta tese.

Aos meus pais, Milton e Francéia Gabriel, por vibrarem por cada linha: mesmo sem compreender minuciosamente o conteúdo, comemoram página a página como uma grande vitória e conquista. Aos meus irmãos, Milton Gabriel Junior e Yara Cristina Gabriel. Para Yara, registro um agradecimento especial pela paciência ao me ouvir em todos os momentos.

Às minhas filhas, Marilia e Heloísa, nas quais encontro a magia e beleza da vida e forças para sempre seguir adiante.

E um agradecimento especial ao Cecílio, meu amor, meu companheiro de todas as horas e desafios, sem o qual este trabalho não teria se concretizado.

SUMÁRIO

PREFÁCIO
Márcio Cammarosano 11

APRESENTAÇÃO
Daniela Campos Libório 13

INTRODUÇÃO 15

PARTE I
METROPOLIZAÇÃO

CAPÍTULO I
O FATO METROPOLITANO 21
1.1   Considerações introdutórias 21
1.2   Cidade 23

CAPÍTULO II
REGIÃO METROPOLITANA – HISTÓRICO DA
POSITIVAÇÃO NO SISTEMA JURÍDICO 35
2.1   Metrópole e positivação da região metropolitana no sistema
      jurídico 35
2.2   Conceito, criação e extinção da região metropolitana 44
2.2.1 Criação e extinção 47
2.3   Região Metropolitana como divisão administrativa 52
2.4   Descentralização 54
2.6   Planejamento e gestão da região metropolitana 62

PARTE II
SISTEMA FEDERATIVO E
COMPETÊNCIAS URBANÍSTICAS

CAPÍTULO III
ESTADO FEDERAL BRASILEIRO 71
3.1   O Estado 72
3.2   Os elementos do Estado 78
3.3   As diversas formas de Estado 83
3.4   As características do Estado Federal 87
3.5   Os modelos federalistas 89
3.5.1 O federalismo assimétrico 92

CAPÍTULO IV
COMPETÊNCIA URBANÍSTICA EM MATÉRIA
URBANA 97
4.1 Conceito de competência 97
4.2 Divisão constitucional das competências 99
4.2.1 Competências da União 101
4.2.2 Competências dos Estados... 104
4.2.3 Competências dos municípios 104
4.3 O interesse local 105
4.4 O interesse comum.. 107
4.5 Funções públicas de interesse comum 111
4.6 Da política urbana – o estatuto da cidade 118
4.7 O estatuto da metrópole.. 123

PARTE III
DA GESTÃO COMPARTILHADA

CAPÍTULO V
CONTEXTUALIZAÇÃO DAS DIFICULDADES DA
GESTÃO METROPOLITANA 131
5.1 A governança corporativa... 135
5.2 Governança pública 138
5.2.1 A governança pública no Brasil 140
5.3 A estruturação da gestão metropolitana................................. 147
5.3.1 A gestão dos recursos hídricos 149
5.3.1.2 O Comitê de bacia hidrográfica 151
5.4 Região Metropolitana de Belo Horizonte 158
5.5 Governança Metropolitana 163

CONCLUSÃO 171

REFERÊNCIAS.. 175

PREFÁCIO

Como sempre, é uma honra ser solicitado para prefaciar um livro, especialmente em se tratando de uma obra resultante de trabalho acadêmico, levado a efeito como exigência para obtenção do título de doutor em direito.

Pois foi exatamente esse o título obtido pela, agora doutora, com todos os encômios, Lilian Regina Gabriel Moreira Pires, com essa monografia de relevo, Região Metropolitana: Governança como instrumento de gestão compartilhada.

Na qualidade de um dos integrantes da banca examinadora da Dra. Lilian Pires, já havia constatado a seriedade da colega, a proficiência com que elaborou e sustentou sua tese, sagrando-se merecidamente aprovada.

O tema versado nesta obra é de superlativa importância e atualidade, mesmo porque, não obstante já tratado em alguma medida por outros autores, há fundadas dúvidas em matéria de competências entre União, Estados e Municípios, especialmente em se considerando o exercício da função legislativa e as exigências de planejamento e gestão compartilhada.

A autora, atenta à complexidade do fenômeno metropolitano e seus desafios, ressalta a exigência de políticas públicas articuladas, mediante esforços integrados em razão mesmo do federalismo de cooperação, dando especial ênfase aos instrumentos de governança interfederativa, como o plano de desenvolvimento urbano integrado, em face do disposto no Estatuto da Metrópole, Lei nº 13.089/2015.

A doutora Lilian Pires não se furta, pois, de examinar com acuidade o ordenamento jurídico nacional, da Constituição da República à legislação ordinária, preocupada com a definição dos serviços qualificáveis como de interesse comum, a prevalecer sobre os interesses locais, mas sem negligenciar os imperativos da autonomia dos entes federados, assim como a gestão democrática da cidade, na busca do impostergável desenvolvimento sustentável.

Considera a autora a obrigatoriedade de solução compartilhada, entre os integrantes da região metropolitana, do que se apresenta como de interesse comum nos termos delineados na lei instituidora daquela.

Dentre as conclusões a final enunciadas, a autora anota que a gestão metropolitana demanda instâncias deliberativa e executiva, composta esta por representantes do Estado e dos municípios integrantes da região, observado sistema que garanta equilíbrio nas decisões.

Na busca de maior precisão terminológica, como convém a um trabalho científico, Lilian Pires enfrenta a questão do significado da governança que, como sustenta, não se confunde com governo nem com governabilidade, consistindo, em rigor, num "instrumento que visa garantir ações de planejamento, de formulação e implementação de políticas públicas".

Mais não é preciso dizer para que se tenha, ainda que em brevíssima síntese, a certeza de que a obra que me coube prefaciar constitui importantíssima contribuição para o estudo do tema Região Metropolitana, demandando não apenas o fundamental conhecimento das normas jurídicas, mas também o trânsito seguro por outras áreas conexas do saber, decorrência da inegável interdisciplinaridade da matéria.

Esse conhecimento multidisciplinar é revelado pela Doutora Lilian, que nos apresenta uma obra de leitura obrigatória para os interessados no tema, que recomendo por todos os títulos, parabenizando-a.

Márcio Cammarosano
Advogado. Doutor em Direito pela PUC-SP. Professor de Direito Administrativo e Urbanístico da mesma Universidade.

APRESENTAÇÃO

O desenvolvimento acadêmico científico, na sua melhor forma, deve estar alinhado com a realidade que estuda. O viés de atuação prática traz reflexões e elementos que o isolamento científico, próprio do estudo e das leituras, não contempla. A autora carrega consigo essa interface alinhando sua atuação consistente nas demandas de prestação de serviço público com a dedicação e produção acadêmica.

No Estado, seu trabalho na área de transportes trouxe indagações e demandas que a fizeram enfrentar complexas relações jurídicas face o modelo federativo brasileiro. O fato metropolitano na qual o agigantamento das cidades impulsiona para uma revisão dos mecanismos tradicionais de solução das controvérsias sobre competências federativas mostra-se insuficiente.

Esse contexto metropolitano trouxe o pano de fundo da construção do estudo ora apresentado. A autora delineou, com coragem, aspectos ainda pouco debatidos pelo Direito. Ao caminhar simultaneamente entre teoria e prática pode ofertar análises de aspectos da governança metropolitana para o aperfeiçoamento da gestão e articulação interfederativa e democrática.

O trabalho foi construído ao longo do curso de doutoramento em Direito do Estado, no Núcleo de Direito Urbanístico da Pontifícia Universidade Católica de São Paulo, tendo sido concluído com êxito.

Se o doutoramento findou-se com seu respectivo título, o tema e seus desafios continuam a provocar e a autora a trilhar esse aperfeiçoamento: da efetividade das regiões metropolitanas.

Daniela Campos Libório
Advogada. Doutora em Direito pela Pontifícia Universidade Católica de São Paulo. Pós-doutora pela Universidade de Sevilla Direito Urbanístico, Direito Ambiental. Professora da graduação e pós-graduação em Direito Administrativo e Urbanístico pela PUC-SP.

INTRODUÇÃO

O processo de urbanização no Brasil ocorreu de forma desordenada, provocando o adensamento de muitas regiões. O fato metropolitano se consolidou e, decorrente disso, a complexidade da vida coletiva nas metrópoles se mostrou cada vez mais antagônica, na medida em que produziu riqueza e acirrou desigualdades. A junção do tecido urbano alterou conceitos pré-definidos das municipalidades, quais sejam: (i) limite territorial; (ii) serviços públicos com abrangência restrita e delimitada; (iii) separação econômica e cultural. Nesse contexto, surgiu a realidade urbanística denominada 'região metropolitana' e com ela os grandes dilemas do planejamento urbano metropolitano, que envolve várias questões de difícil solução, tais como espaço entre municípios conurbados, mobilidade, proteção de mananciais, qualidade de vida e outros tantos.

Para dar sentido à produção do espaço metropolitano que atenda às exigências da cidadania, é necessário desvendar o mistério da relação entre sociedade e Estado, bem como de sua relação com entes federados envolvidos. Assim, as dificuldades urbanas metropolitanas exigem políticas públicas cada vez mais articuladas e complexas, sendo imperiosa e necessária a integração entre os entes federativos, para atendimento a direitos fundamentais e sociais.

A gestão harmônica entre os entes da federação, em razão do federalismo de cooperação assumido no texto constitucional, é necessária. A Constituição Federal de 1988 atribui aos Estados a competência para instituir regiões metropolitanas, aglomerações urbanas e microrregiões quando se identifica a necessidade de organização, planejamento e execução de funções públicas de interesse comum e aos municípios competência para legislar e cuidar do interesse local.

A Lei Federal nº 13.089/2015, denominada 'Estatuto da Metrópole', estabelece diretrizes gerais para o planejamento, a gestão e a execução das funções públicas de interesse comum em regiões metropolitanas e em aglomerações urbanas instituídas pelos Estados, normas gerais sobre o plano de desenvolvimento urbano integrado e outros instrumentos de governança interfederativa. Trata-se da governança interfederativa, conformada na prevalência do interesse comum sobre o local, na autonomia dos entes federados, na gestão democrática da cidade e na busca do desenvolvimento sustentável.

Impõe, dentre outras obrigações, a elaboração de um plano de desenvolvimento urbano integrado de região metropolitana, com previsão das diretrizes para as funções públicas de interesse comum, do macrozoneamento da unidade territorial urbana, bem como das diretrizes quanto à articulação dos Municípios no parcelamento, uso e ocupação no solo urbano.

O presente trabalho apresenta uma proposta de modelo de aplicação prática do instrumento de governança interfederativa. Para tanto, o caminho trilhado perpassou pela demonstração da consolidação do fato metropolitano, que reclama ações conjuntas e faz emergir, no campo do Direito, discussões atinentes à formação, aos requisitos e competências.

Em seguida, é apresentada a positivação da Região Metropolitana e sua organização, com histórico em nossa legislação, iniciado com a Emenda Constitucional nº 1, de 1969. Listam-se, ainda, a Lei Complementar Federal nº 14, de 1974, que criou, de forma centralizada, as Regiões Metropolitanas de São Paulo, Belo Horizonte, Porto Alegre, Salvador, Curitiba, Belém e Fortaleza; a Constituição Federal de 1988, que desloca a competência para os Estados da Federação; e, por fim, a Lei Federal nº 13.089, de 2015 – Estatuto da Metrópole.

O referido estatuto estabelece diretrizes gerais para o planejamento, a gestão e a execução de funções públicas de interesse comum em regiões metropolitanas e em aglomerações urbanas, bem como normas gerais sobre o plano de desenvolvimento integrado e outros instrumentos de governança interfederativa.

Dessa imposição legal, foi necessário perquirir quais serviços serão definidos como comuns, como a pessoa jurídica responsável pela execução será instituída e, finalmente, como o instrumental da governança será efetivado para uma gestão eficiente e equânime dos serviços comuns que serão prestados. Por conseguinte, o sistema federativo e as competências urbanísticas foram revisitados, com a análise do federalismo de cooperação, do interesse local e das funções públicas de interesse comum, incluindo a titularidade para a prestação dos serviços e concluindo pela necessidade da criação de uma pessoa jurídica de direito público.

Para a análise do instrumental de governança interfederativa, a investigação relativa ao ingresso da terminologia no âmbito da administração pública foi necessária para buscar seu desenvolvimento histórico e conceitual, bem como estabelecer sua diferenciação com termos relacionados como governo e governabilidade. Em seguida, para alcançar um caminho que possa levar a uma proposta de gestão compartilhada, especificamente no que diz respeito a instância decisória, foi feita uma breve análise de estruturas existentes: a gestão dos recursos hídricos e a região metropolitana de Belo Horizonte. Ao final, sem a menor pretensão de esgotar o tema, apresenta-se uma forma de estruturar a instância executiva e deliberativa das regiões metropolitanas e aglomerações urbanas. A discussão é oportuna e necessária a fim de avançarmos na busca de soluções efetivas para esse espaço que é a metrópole.

PARTE I

METROPOLIZAÇÃO

CAPÍTULO I

O FATO METROPOLITANO

1.1 Considerações introdutórias

A urbanização[1] é resultado da industrialização, tendo como ponto de início a revolução industrial que se intensificou no decorrer do tempo. O crescimento rápido e desordenado das cidades, sem planejamento, é capaz de provocar uma pluralidade de problemas, dentre os quais o crescimento do tecido urbano, que enseja uma junção territorial significativamente problemática. Surge, então, a metrópole que se traduz na realidade da cidade real, totalmente dissociada da cidade oficial, na qual o dinamismo do crescimento é excludente e segregador.

A metrópole é espaço de contradição, onde há constante desenvolvimento e ao mesmo tempo problemas sociais grandiosos. Normalmente, há uma cidade polo em torno da qual gravita a dinâmica metropolitana, ou seja, onde gravitam outros municípios. Surge o fato metropolitano, espaço densamente urbanizado, com pluralidade de cidades e de problemas.

Inconteste que as diferenças relativas à capacidade técnica, econômica e fiscal dos entes da federação, aliado ao alto custo das políticas urbanas com o comprometimento de recursos a médio e longo prazo, evidencia o descompasso entre as instituições e o fato metropolitano.

---

[1] Emprega-se o termo "urbanização" para designar o processo pelo qual a população urbana cresce em proporção superior à população rural. Não se trata de mero crescimento de cidades, mas de um fenômeno de concentração urbana. Cf. SILVA, José Afonso da. *Direito Urbanístico Brasileiro*. 7. ed. São Paulo: Malheiros, 2012, *passim*.

A ausência de identidade territorial provoca isolamento de decisões dos municípios envolvidos pela junção territorial e os hiatos sociais são cada vez maiores e marcantes. Dessa realidade, é de cristalina clareza que os instrumentos e mecanismos de gestão adotados até então para essas localidades se mostram frágeis para estabelecer quem são e como devem agir os responsáveis pela execução das funções públicas de interesse comum em regiões metropolitanas e em aglomerações urbanas. Nesse contexto, necessário discutir e buscar arranjos de governança democráticos e efetivos para o trato dessa questão.

A Lei Federal nº 13.089/2015, denominada Estatuto da Metrópole, apresenta normas gerais sobre o plano de desenvolvimento urbano integrado e outros instrumentos de governança interfederativa. O diploma estabelece que a governança interfederativa das regiões metropolitanas e das aglomerações urbanas compreenderá em sua estrutura básica, dentre outros, instância executiva composta pelos representantes do Poder Executivo dos entes federativos integrantes das unidades territoriais.

A instância executiva se perfaz nos conselhos deliberativos, assim o ponto de atenção e contribuição para o debate será relativo ao modo de estabelecer a representatividade dos integrantes dos referidos Conselhos. Para alcançar esse desiderato se faz necessário apresentar algumas considerações relativas à cidade e ao seu agigantamento, ao estabelecimento do conflito existente, à institucionalização da denominada região metropolitana, ao federalismo, às competências urbanísticas, ao panorama relativo ao estatuto da metrópole e, por fim, à governança

O fato metropolitano é consequência do alto grau de urbanização das cidades. Portanto, discutir qualquer tema relativo à metrópole tem como caminho a necessária abordagem relativa à evolução social e econômica que culminou com as sociedades urbanizadas, nas quais a maioria das pessoas vive em cidades.[2] Assim, preliminarmente à discussão relativa à área metropolitana e seus contornos jurídicos, impõe-se passar por alguns pontos que permeiam o mundo contemporâneo: o superpovoamento urbano que acarreta uma gigantesca complexidade social, espacial e econômica. Esse caminho tem início com a dicotomia urbano-rural e o adensamento populacional.

---

[2] Cerca de metade da humanidade vive hoje em cidades. Populações urbanas cresceram de cerca de 750 milhões em 1950 para 3,6 bilhões em 2011. Até 2030, quase 60% da população mundial viverá em áreas urbanas. O crescimento das cidades significa que elas serão responsáveis por prestar serviços a um número sem precedentes de pessoas. Isso inclui educação e habitação acessíveis, água potável e comida, ar limpo, um ambiente livre do crime e transporte eficiente. Cf. ORGANIZAÇÃO DAS NAÇÕES UNIDAS. Departamento de Informação Pública. *Rio +20 – o futuro que queremos:* fatos sobre as cidades. Rio de Janeiro, jun. 2012. Disponível em: <http://www.onu.org.br/rio20/cidades.pdf>. Acesso em: 10 abr. 2016.

1.2 Cidade

A cidade passou por diversas etapas até alcançar o alto grau de urbanização que conhecemos na atualidade. Nossa intenção aqui é apresentar um breve panorama relativo a seu surgimento e alterações de seu perfil.

Nessa senda, as primeiras cidades[3] foram formadas no vale compreendido pelos rios Tigre e Eufrates, 3500 a.c. Gideon Sjoberg ensina que a sociedade pré-urbana é a "sociedade de gentes" ou sociedade primitiva, que consistia em pequenos grupos dedicados à busca de alimento. Não havia especialização do trabalho e estratificação social,[4] esses grupos eram nômades. Dessa base estritamente familiar, o acúmulo de alimento advindo da agricultura sedentarizou o homem, de modo que sociedades mais complexas apareceram, tais como a 'fratria' para os gregos e a cúria para os romanos.[5] Vieram então a tribo e, em seguida, a cidade.[6]

Assim, a sociedade primitiva[7] existia em razão da necessidade da busca de alimento. Em seguida, caracterizou-se pela estocagem de alimentos, com estrutura de classes discreta, alimentada pelos instrumentos capazes de multiplicar a produção – arado, roda e sistema de

---

[3] A organização das pessoas pode ser observada por diversos padrões: social, político, econômico e o tecnológico. Assim a cidade possui fatores para sua constituição e estágios de sua evolução.

[4] SJOBERG, Gideon. *Cidades a urbanização da humanidade*, trad. José Reznik. 2. ed. Rio de Janeiro: Zahar, 1972. p. 36.

[5] A religião doméstica proibia a duas famílias unir-se ou confundir-se. Mas era possível que várias famílias, sem nada sacrificar de sua religião particular, se unissem pelo menos para a celebração de outro culto que lhes fosse comum. E foi o que aconteceu. Certo número de famílias formaram um grupo que a língua grega chamava fratria e a latina, cúria. Vide COULANGES, Fustel. *A cidade antiga*, p. 103. Disponível em: <http://www.ebooksbrasil. org/eLibris/cidadeantiga.html>. Acesso em: 10 set. 2016.

[6] Assim a sociedade humana, nessa raça, não cresceu como um círculo, que se estenderia pouco a pouco, vencendo progressivamente. Pelo contrário, são pequenos grupos, há muito constituídos, que se agregaram uns aos outros. Várias famílias formaram a fratria, várias fratrias formaram a tribo, várias tribos formaram a cidade. Família, fratria, tribo e cidade são, portanto, sociedades exatamente semelhantes entre si, nascidas uma da outra, por uma série de federações. Vide COULANGES, Fustel. *op. cit.* p. 111-112.

[7] As primeiras cidades têm uma dinâmica muito parecida. A transformação da sua feição está diretamente ligada à linguagem escrita. A linguagem escrita provoca transformação na ordem social, na medida em que há a criação de sistemas sejam numéricos, administrativos, legais, científicos. A estrutura social passa a contar com diversas especializações. E é a linguagem escrita que marca o desenvolvimento da sociedade denominada de urbana. Em contrapartida de outras que poderiam ter alta densidade demográfica e populacional, mas não possuíam um núcleo urbano com intercâmbio de ideias e divisão de trabalho em ofícios.

irrigação e a palavra escrita, que era limitada a uma elite ociosa, cuja necessidade estava assentada no registro das leis, dos fatos históricos e religiosos e principalmente para a contabilidade. E, posteriormente, surge a sociedade industrial caracterizada pelo avanço tecnológico, com utilização de fontes de energia, educação em massa, sistema de classe e organização social com poder político.[8]

Em razão da revolução industrial é que a silhueta da cidade se define. No mundo moderno, a cidade passa a outro estágio relativo à sua evolução: o fim da cidade como antagonista do campo e passa a ser uma organização em um determinado território, consequência da difusão dos serviços e tecnologia, constituindo uma continuidade urbano-rural, vale dizer, a chamada *cidade pós-industrial*, em que o fornecimento de serviços tem primazia sobre a produção e transformação de alimentos e utensílios.[9]

A cidade pode ser analisada sob várias óticas: social, demográfica, cultural, política, administrativa, religiosa, econômica. Resultado disso é a dificuldade de se alcançar um conceito unívoco de cidade dado ao plexo de olhares ao mesmo tema. Do ponto de vista jurídico, cidades são divisões urbanas, delimitadas e sedes de município, ou seja, núcleo urbano e sede do governo municipal, qualificada por um conjunto de sistemas político-administrativos. Doutra parte, da ótica urbanística a cidade para caracterizar-se como tal deve possuir unidades edilícias e equipamentos públicos.[10]

Do ponto de vista econômico[11] a cidade é o local onde há produção, consumo e distribuição de bens e serviços. Portanto, a cidade é produtora e distribuidora de bens e serviços, ou seja, uma localidade de mercado. Nas palavras de Max Weber:[12]

> Falamos de "cidade" no sentido *econômico* quando a população local satisfaz uma parte economicamente essencial de sua demanda diária no mercado local e, outra parte essencial também, mediante produtos que os habitantes da localidade e povoações dos arredores produzem ou

---

[8] SJOBERG, Gideon. *Cidades a urbanização da humanidade*, p. 37-38.

[9] LIVERANI, Mario. *L'origine delle città*. Roma: Editori Riuniti, 1986. p. 25.

[10] SILVA, José Afonso. *Direito urbanístico brasileiro*. 3. ed. São Paulo: Malheiros, 2012. p. 25-26.

[11] Para efeito da discussão relativa às dificuldades que o fato metropolitano apresenta, o aspecto econômico da cidade ganha relevo.

[12] MAX WEBER trabalha a evolução das novas formas de organização econômica e do capitalismo moderno emergente, o faz analisando as diferentes formas de economia urbana e exercício de poder nas cidades da Antiguidade e medievais.

CAPÍTULO I
O FATO METROPOLITANO | 25

adquirem para colocá-los no mercado. Toda cidade que no sentido que aqui damos a essa palavra é um "local de mercado".[13]

A cidade enquanto localidade de mercado, para melhorar a distribuição de produtos e serviços bem como redução de seus custos, termina por absorver mais estruturas produtivas. As diferenças de consumo de bens e serviços produzidos faz surgir localidades mais equipadas, com funções mais complexas, e essa especialização tende a se concentrar em cidades maiores ou cidade polo, polarizando e influenciando economicamente as cidades ao redor.

Na cidade polo há excedente de capital. Do ponto de vista de oportunidades e negócios existem potencial de consumo, atração da mão de obra e o intenso crescimento demográfico. Essa atração de população gera a expansão urbana e consequentemente opera-se o fenômeno da conurbação,[14] provocando a junção do tecido urbano entre municípios e o desaparecimento da área rural. Essa invasão da trama urbana entre municípios provoca o fato metropolitano. Nessa linha averba Michel Temer:

> A ideia da Região Metropolitana deriva da conurbação. As áreas urbanas vão se aglomerando em torno de um município maior, eliminando as áreas rurais e fazendo surgir, entre os municípios, área urbana única, o que passa a exigir a integração dos serviços municipais.[15]

Quando as cidades crescem economicamente e se dinamizam, tendem a receber maior contingente de pessoas. Essa realidade não planejada e vista apenas sob o ponto de vista econômico e da mais-valia faz com que ela cresça desordenadamente e, muitas vezes, para além do seu núcleo central e, portanto, com a utilização de todo seu território. A ausência de planejamento aliada às regras impostas pelo mercado imobiliário provocam diversos problemas, tais como degradação ambiental, constante necessidade de aumento de infraestrutura básica para

---

[13] WEBER, Max. Conceito e categoria de cidade. Trad. Antônio Carlos Pinto Peixoto *apud* VELHO, Otávio Guilherme (org.). *Fenômeno urbano*. 4. ed. Rio de Janeiro: Zahar, 1979. p. 69.

[14] Joaquim Castro Aguiar apresenta conceito de conurbação: "[...] uma conurbação, situação de fato, consistente na aglutinação de duas ou mais unidades urbanas, apresentando área territorial intensamente urbanizada e constituindo-se em polo de atividade econômica, com necessidades que exigem solução conjunta e não a nível local [...] uma conurbação, já agora com o toque do direito, desde que a lei complementar a estabeleça, não no sentido de criá-la, porque ela já existe, mas no sentido de que, partindo de uma realidade urbano-regional preexistente, lhe atribua regime jurídico especial de administração, relativamente às necessidades metropolitanas". Vide: *Direito da cidade*. Rio de Janeiro: Renovar, 1996. p. 220.

[15] TEMER, Michel. *Elementos de direito constitucional*. 24. ed. São Paulo: Malheiros, 2012. p. 115.

todas as partes da cidade, aumento de preço da terra, provocando um maior contingente da população periférica. Esse crescimento disperso e horizontal faz com que as zonas periféricas se alastrem e se encontrem. Da junção de conceitos, pontos importantes referentes às cidades, tais como limites territoriais, serviços públicos com abrangência restrita e delimitada para cada localidade, separação econômica e cultural, deixam de ser individualizados, se turvam, e não são mais conceitos claros e definidos. Assim, surge o que se denominou 'fato metropolitano', ou seja, uma realidade de intensa conexão e que se desdobra em problemas que reclama soluções: morar em um município, trabalhar em outro, fazer compras em um terceiro, fazer uso do sistema de saúde de outro, utilizando-se da infraestrutura de um local que não é o seu de moradia.

Esse crescimento da cidade e seu agigantamento provocou uma pluralidade de problemas em extensão e complexidade. Desse plexo de situações, a cidade e a cidade altamente urbanizada ganham contornos especiais e passam a ser objeto de análises e conjecturas de soluções.

1.3 Cidades brasileiras – Seu crescimento até o fato metropolitano

A formação das cidades brasileiras teve início com a colonização portuguesa no século XVI. Sua evolução ou materialização do fenômeno urbano está ligada aos momentos econômicos pelos quais o país passou desde a colonização até o processo de industrialização.

No Brasil Colônia, a necessidade de envio à Coroa de recursos naturais delineou pequenos vilarejos com características estritamente agrícolas, cuja formação não acontecia naturalmente, mas dependia de autorização, na medida em que a Coroa aportava pequenos investimentos para a continuidade do local e efetivava o controle das riquezas que deveriam ser encaminhadas. Só havia núcleo espontâneo ou natural no litoral, em razão do tipo de economia,[16] voltada para a exportação.

A primeira cidade brasileira foi São Vicente, fundada em 1532 por Martin Afonso. O início de colonização sistemática aconteceu com a instituição das capitanias hereditárias,[17] cujo método consistia em

---

[16] Pau-brasil, algodão, tabaco, cana-de-açúcar e a mineração.

[17] A ligação jurídica existente entre o rei de Portugal e cada um dos donatários era fundamentada por dois documentos capitais. *Carta de doação*: atribuía ao donatário a posse hereditária da capitania, quando de sua morte seus descendentes continuavam a administrá-la, sendo proibida a sua venda. *Carta foral*: estabelecia os direitos e deveres dos donatários para com as terras. Cf. INFOESCOLA. *Capitanias hereditárias*. Disponível em: <http://www.infoescola.com/historia/capitanias-hereditarias/>. Acesso em: 22 abr. 2016.

doação de terras a nobres portugueses para a exploração comercial e foram concedidas 15 donatárias, com 50 ou 100 léguas de costa cada uma. A pretensão era a criação das vilas, visando à colonização e povoamento para proteção[18] do território e das riquezas. A respeito do tema, averba Maria Berthilde Moura Filha:

> No Brasil, deve ter prevalecido a ideia de que as cidades surgidas em conjunto com as capitanias reais seriam os centros do "poder político" diretamente vinculado ao poder metropolitano. Reforça esta hipótese o fato de Salvador, primeira cidade brasileira, ter sido criada para sede do Governo-Geral. Na sequência, o Rio de Janeiro e as demais cidades resultantes do processo de reconquista das capitanias do Norte do Brasil, também sediaram, desde a origem, um corpo de funcionários que diretamente representavam o poder português, reunindo funções administrativas, econômicas e militares que se alastravam pelo território das capitanias reais, assumindo o caráter de "lugares centrais", na definição de Jorge Alarcão. Estas cidades eram, portanto, "centros de poder" que se enquadravam na estratégia de colonização fundamentada na retomada do território brasileiro a partir da criação de "capitanias de Sua Majestade". Sendo assim, essas unidades territoriais e suas respectivas sedes, eram implantadas para atender a objetivos e estratégias definidas pelo poder régio, a partir de interesses políticos e econômicos. [19]

Das capitanias hereditárias (1534) ao Império (1825), a cidade com restritas dimensões demográficas já fazia parte da paisagem de nosso país, com uma característica econômica com perfil agrícola.

Na República Velha (1889-1930), as regiões brasileiras, que viviam isoladas, ampliam suas relações comerciais em razão da expansão cafeeira e inicia-se forte período de imigração. A população local dirige-se para os Estados onde a havia expansão econômica – São Paulo e Rio de Janeiro. Fausto Brito e Joseane Souza registram:

> Esses arquipélagos regionais, fundamentalmente articulados em torno das atividades agrícolas, mantinham um sistema de cidades polarizadas,

---

[18] Gabriel Soares de Souza, em 1537, alertava a Coroa: "S. Magestade deve mandar acudir com muita brevidade, pois ha perigo na tardança, o que não convem que haja, porque se os estrangeiros se apoderarem desta terra custará muito lançalos fora della, pelo grande aparelho que tem para nella se fortificarem" [sic]. Vide SOUSA, Gabriel Soares de. *Tratado Descriptivo do Brasil em 1587*. Lisboa: Academia Real das Sciencias, 1825. s.p.

[19] MOURA FILHA, Maria Berthilde. *Discurso, imagem e desenho de uma cidade no Brasil do século XVI*. In: IX Seminário de História da Cidade e do Urbanismo. USP - São Paulo, 4 a 6 de setembro de 2006. Disponível em: <http://www.lppm.com.br/sites/default/files/livros/Berthilde%20IX%20Semin%C3%A1rio%20de%20Hist%C3%B3ria%20da%20Cidade%20e%20do%20Urbanismo_Discurso%2C%20imagem%20e%20desenho%20de%20uma%20cidade%20no%20Brasil.pdf>. Acesso em: 26 nov. 2016.

geralmente, pelas capitais dos Estados. A população urbana distribuía-se pelos diferentes sistemas regionais de cidades, fundamentalmente litorâneos e fortemente concentrados na região Sudeste. Somente então, a partir da República Velha, é que esses arquipélagos regionais começaram a articular-se, nacionalmente, dentro de um processo de integração mercantil comandado pelo complexo da economia cafeeira capitalista.[20]

A estrutura econômica agrária perde espaço com a expansão dos sistemas de transportes e dos meios de comunicação de massa, o urbano nasce como espaço de difusão de novos padrões sociais e atividades econômicas.

A partir da década de 30 ocorre o processo de intensificação do desenvolvimento brasileiro baseado da industrialização.[21] As principais atividades econômicas não estavam mais associadas à agricultura, razão pela qual a população migrou das áreas rurais para as áreas urbanas. Dessa forma, atualmente o Brasil é um país predominantemente urbano, com mais de 80% da população vivendo em cidades. De acordo com dados do IBGE de 2010, a população total do Brasil é de 190.755.799 habitantes, sendo que a urbana é composta de 160.925.792 e a rural, 29.830.007.[22]

O êxodo rural provocou deslocamento do eixo populacional e a cidade recebeu grande número de pessoas. Não obstante, essa recepção não foi pensada ou preparada, a cidade simplesmente cresceu desordenadamente e dessa realidade emergiu um hiato entre grupos populacionais urbanos. O viver na cidade implica acesso à educação, lazer, saúde e a todas outras necessidades da vida cotidiana. Entretanto, a falta de infraestrutura mínima para a recepção de um enorme contingente de pessoas resultou na dura realidade de exclusão, ou seja, os benefícios da urbanização são inacessíveis para uma grande parcela da população.[23]

---

[20] BRITO, Fausto; SOUZA, Joseane de. Expansão urbana nas grandes metrópoles: o significado das migrações intrametropolitanas e da mobilidade pendular na reprodução da pobreza. *São Paulo Perspec.*, São Paulo, v. 19, n.4, out./dez. 2005. p. 48-63. Disponível em: <http://dx.doi.org/10.1590/S0102-88392005000400003>. Acesso em: 26 nov. 2016.

[21] No Brasil, houve um processo de urbanização desordenado e um dos resultados dessa realidade é a [i]mobilidade, gerando assim, efeitos de cunho social, econômico, político e ambiental. Isto é, os espaços urbanos cresceram sem ganhos de qualidade de vida e bem-estar dos cidadãos.

[22] IBGE. Censo Demográfico de 2010. Disponível em: <http://www.censo2010.ibge.gov.br/sinopse/index.php?dados=11&uf=00>. Acesso em: 07 jun. 2016.

[23] PIRES, Lilian Regina Gabriel Moreira; PIRES, Antônio Cecílio Moreira. Estado e mobilidade urbana. In: *Mobilidade urbana: desafios e sustentabilidade*. São Paulo: Ponto e Linha, 2016. p. 9-15.

Juarez Rubens Brandão Lopes adverte que somente a partir de 1940 percebe-se separação da população das cidades e das vilas (quadros urbano e suburbano) da rural do mesmo município.[24]

De acordo com Octavio Ianni, a industrialização brasileira foi instituída durante o governo de Getúlio Vargas, na década de 1930, e a consolidação desse processo se materializou nas décadas de 1950 e 1960, provocando a modernização da economia de sorte a consagrar a cidade na posição central na vida brasileira.[25]

Assim, a urbanização[26] no Brasil está relacionada com a industrialização. Esse processo tem início na década de 1930 e é consagrado entre 1950 e 1960, bem como com a integração do país que se operou com a conexão das estradas de ferro e com a construção das rodovias. Milton Santos registra:

> É apenas após a Segunda Guerra Mundial que a integração se torna viável, quando estradas de ferro, até então desconectadas na maior parte do país, são interligadas, constroem-se estradas de rodagem, pondo em contato as diversas regiões do país, empreende-se um ousado programa de investimento em infraestrutura.
> [...]
> Esse período duraria até fins dos anos 1960. O golpe de Estado de 1964 todavia aparece como um marco, pois foi o movimento militar que criou as condições de uma rápida integração do país a um movimento de internacionalização que aparecia como irresistível em escala mundial. A economia se desenvolve, seja para atender a um mercado consumidor em célere expansão, seja para responder a uma demanda exterior.[27]

Paralelamente ao movimento de integração temos outro processo de consolidação da urbanização: a verticalização.[28]

---

[24] LOPES, Juarez Rubens Brandão. *Desenvolvimento e mudança social*. São Paulo: Companhia Nacional, 1976. p. 13.

[25] IANNI, Octavio. *Estado e Planejamento Econômico no Brasil*. Rio de Janeiro: Editora UFRJ, 2010, *passim*.

[26] De acordo com Milton Santos, o forte movimento de urbanização que se verifica a partir do fim da Segunda Guerra Mundial é contemporâneo de um forte crescimento demográfico, resultado de uma natalidade elevada e uma mortalidade em descenso, cujas causas essenciais são os progressos sanitários, a melhoria relativa nos padrões de vida e a própria urbanização. Vide *A urbanização brasileira*. 5. ed. São Paulo: Edusp, 2009. p. 33.

[27] SANTOS, Milton, *op. cit.* p. 38-39.

[28] O processo de verticalização é objeto de estudo, deixamos aqui alguns registros: SPOSITO, Maria Encarnação B. O chão arranha o céu: a lógica da reprodução monopolista da cidade. Tese (Doutorado em Organização do Espaço). Faculdade de Filosofia Letras e Ciências Humanas, Universidade de São Paulo, São Paulo, 1991. SOUZA, Maria A. A. *A Identidade da Metrópole*. São Paulo: Edusp, 1994. MENDES, Cesar Miranda. *O edifício no jardim*: um plano destruído – a verticalização em Maringá. Tese (Doutorado em Organização do

A verticalização pode ser apontada como um exemplo de materialização das transformações técnicas que atingem a cidade contemporânea de forma contundente. Tal fato não pode ser considerado como consequência natural da urbanização, mas uma das possíveis opções traçadas e definidas pelos diferentes atores sociais e interesses econômicos que envolvem a estruturação interna das cidades.[29]

Com a verticalização[30] o solo urbano recebe uma inovação na forma de construir: multiplica-se o espaço. A construção civil e o mercado imobiliário aderem fortemente à nova dinâmica de acumulação e reprodução do capital.

Evidente que dessa urbanização[31] o contingente de pessoas aumentou vertiginosamente e a solução oferecida pelo Estado foi a ocupação do espaço urbano focado na cidade vista e tratada apenas sob o viés econômico. Essa realidade provocou o deslocamento de pessoas para áreas desprovidas de atributos urbanos mínimos e o fato metropolitano foi se consolidando. O desenho da cidade real é marcado por uma periferia espraiada e a consequente consolidação dos subúrbios.

O processo[32] de urbanização-industrialização-metropolização foi marcado pelo signo da exclusão. De início surgem os subúrbios e estes alcançam os espaços periféricos cuja produção é resultado dos aspectos econômicos, políticos e sociais. Referidos aspectos estão ligados a políticas estatais lenientes com a ação especulativa, centrada na construção civil e setor imobiliário, na fragmentação socioespacial e na consequente exclusão e violência. O resultado do aumento dos espaços periféricos foi a conurbação, ou seja, cidades vizinhas crescem

---

Espaço). Faculdade de Filosofia Letras e Ciências Humanas, Universidade de São Paulo, São Paulo, 1992. SOMEKH, Nadia. *A cidade vertical e o urbanismo modernizador*. São Paulo: Edusp/Nobel/Fapesp, 1997.

[29] RAMIRES, Júlio Cesar de Lima. O processo de verticalização das cidades. *Boletim de Geografia da Universidade Federal de Maringá*, Maringá, v. 16, n. 1, 1998. p. 98.

[30] A verticalização no Brasil está fortemente ligada à habitação. O Ipea, no I circuito de debates acadêmicos – Code 2011, registrou: "O Estado, principalmente na 2ª metade do século XX, teve e tem um papel fundamental no financiamento da expansão das cidades brasileiras, como, por exemplo, a atuação do Banco Nacional de Habitação (BNH) durante os anos 1970 ou da Caixa Econômica Federal através do "Minha Casa, Minha Vida" presente na agenda do Programa de Aceleração do Crescimento (PAC) no século XXI, todos amparados pelo Sistema Financeiro de Habitação (SFH)". Vide *Verticalização urbana e segregação socioespacial*: Crise da cidade quadricentenária. Disponível em: <http://www.ipea.gov.br/code2011/chamada2011/pdf/area7/area7-artigo38.pdf>. Acesso em: 07 set. 2016.

[31] Emprega-se o termo "urbanização" para designar o processo pelo qual a população urbana cresce em proporção superior à população rural. Não se trata de mero crescimento de cidades, mas de um fenômeno de concentração urbana. Vide SILVA, José Afonso da. *Direito urbanístico brasileiro*. São Paulo: Malheiros, 2000, *passim*.

[32] Contribuíram significativamente para esses estudos Milton Santos, Lúcio Kowarick, José de Souza Martins, Juergen Langenbuch, Ermínia Maricato, Nabil Bonduki, entre outros.

CAPÍTULO I
O FATO METROPOLITANO | 31

e o tecido urbano entre elas se unifica, formando uma mancha onde é quase impossível dissociá-las.

Na obra São Paulo Metrópole, a estruturação da metrópole está assim descrita:

A descrição do processo histórico de estruturação da metrópole está intimamente ligada à compreensão do desenvolvimento dos três elementos articulados que constituíram: a dispersão intensiva do padrão periférico; deslocamento da função residencial para áreas desprovidas de atributos urbanos básicos, e a acentuada desarticulação do sistema de transporte público e dos fluxos responsáveis pela mobilidade intrametropolitana.[33]

A evolução da economia no Brasil aprofundou as desigualdades sociais e não suplantou a pobreza. A segregação socioespacial da atualidade foi retratada em 1845, na Inglaterra, por Friedrich Engels:

[...] nessa guerra social, as armas de combate são o capital, a propriedade direta ou indireta dos meios de subsistência e dos meios de produção, é óbvio que todos os ônus de uma tal situação recaem sobre o pobre. [...] Nos "bairros de má fama" habitualmente as ruas não são planas nem calçadas, são sujas, tomadas por detritos vegetais e animais, sem esgotos, cheias de charcos fétidos. A ventilação é precária, dada a estrutura irregular dos bairros [...][34]

Assim, considerando o desenrolar da história do país e das decisões políticas adotadas, fundamentada nos diversos estudos e pesquisas realizados nas ciências humanas, o processo de urbanização no Brasil, com a consequente metropolização, em meu entendimento, está sistematizado da seguinte maneira:

i) A partir da década de 1940 já se desenha o espraiamento das grandes cidades e o início do processo de verticalização;

ii) Nas décadas de 1960 e 1970, o crescimento urbano, decorrente do processo migratório, intensificou a lógica do agigantamento da periferia, criando uma mancha com inúmeros espaços deixados nas áreas centrais como reserva, aguardando a elevação de seu valor; a lógica da especulação imobiliária se fixa. A periferia abrigava a população de baixa renda, que aumentava em razão da migração; e, finalmente, a ocupação

---

[33] MEYER, Regina Maria Prosperi; GROSTEIN, Marta Dora; BIDERMAN, Ciro. *São Paulo Metrópole*. São Paulo: Edusp, 2004. p. 37.

[34] ENGELS, Friedrich. *A situação da classe trabalhadora na Inglaterra*. São Paulo: Boitempo, 2008. p. 69-70.

do solo se deu por meio de ocupações irregulares, loteamentos clandestinos e conjuntos habitacionais[35];

iii) A década de 80 foi marcada pelo aumento da segregação e houve a substituição dos espaços centrais pela verticalização. A especulação imobiliária inverteu a ordem e bairros foram palco de grandes empreendimentos, o centro histórico foi desvalorizado. A periferia consolidou-se como um ambiente extremamente denso, sob o ponto de vista construtivo, e com insuficiência de infraestrutura e serviços. O meio ambiente foi assolado e degradado, com poluição, desmatamento dentre outros;[36]

iv) Os anos 90 foram marcados pelo signo da globalização e reestruturação econômica com o Plano Real, com reflexos na desaceleração do crescimento urbano, e, pela primeira vez, a taxa de migração interna ficou negativa (migração intrametropolitana).

Disso tudo, tem-se o fato metropolitano, no qual os limites municipais não resistem à lógica das ocupações desordenadas, surgindo, assim, problemas de toda ordem, que exigem soluções. A realidade é dura e tem reflexos perversos na habitação, na gestão dos resíduos sólidos e recursos hídricos, na mobilidade urbana, em especial no que diz respeito ao transporte coletivo de passageiros.

Vale destacar que a ausência da oferta de moradia para população de baixa renda teve como consequência a ocupação precária e ilegal, multiplicando-se os loteamentos irregulares, inclusive em áreas de mananciais e com o crescimento disperso de favelas. Novamente trazemos Milton Santos:

---

[35] Essa realidade de transferência de um grande contingente de pessoas a ocupar espaços desertos de qualquer infraestrutura determina a urgência de inserção de infraestrutura mínima, água, energia e meios de locomoção (linhas de ônibus). Atividades que não foram planejadas e, portanto, não previstas em orçamento. O resultado é a utilização de recursos que incialmente tinham uma destinação e evidentemente a falta de recursos para implementar uma política habitacional de saneamento, de transporte com eficiência.

[36] Na periferia pobre criou-se um ambiente urbano precário, construtivamente denso, com poucos espaços abertos, quase sem serviços e equipamentos coletivos e com insuficiente infraestrutura, especialmente a de esgotamento sanitário. Acrescente-se, ainda, que a natureza foi praticamente arrasada, sobrando apenas o relevo como registro do passado natural. Isso criou enormes problemas de insegurança ambiental, manifestos nos alagamentos, deslizamentos de morros, poluição de cursos d'água e ausência total de vegetação. Assim se posicionam LACERDA, Norma; MENDES ZANCHETI, Sílvio; DINIZ, Fernando. Planejamento metropolitano: uma proposta de conservação urbana e territorial. *EURE (Santiago)*, Santiago, v. 26, n. 79, 2000, p. 77-94. Disponível em: <http://www.scielo.cl/scielo.php?script=sci_arttext&pid=S0250-71612000007900005&lng=es&nrm=iso>. Acesso em: 04 out. 2016.

CAPÍTULO I
O FATO METROPOLITANO | 33

Havendo especulação, há criação mercantil da escassez e acentua-se o problema de acesso a terra e à habitação. Mas o déficit de residências também leva a especulação, e os dois juntos conduzem à periferização da população mais pobre e, de novo, ao aumento do tamanho urbano. As carências em serviços alimentam a especulação, pela valorização diferencial das diversas frações do território urbano. [...] O estabelecimento de um mercado de habitação "por atacado", a partir da presença do Banco Nacional de Habitação e do Sistema de Crédito Correspondente, gera novas expectativas, infundadas para a maioria da população, mas atuantes no nível geral.[37]

Com o espraiamento da zona urbana para localidades distantes do centro, o acesso aos polos de concentração de atividades e serviços é limitado e acaba por confinar seus moradores ao transporte coletivo de baixa qualidade. O relatório do IPEA de 2010 apresenta o seguinte resultado:

A malha viária da capital paulista é composta por aproximadamente 17 mil quilômetros de ruas, por onde circulam cerca de quatro milhões e quinhentos mil veículos diariamente de um total de sete milhões de veículos cadastrados em 2010. Apesar de dispor de uma rede metroviária que transporta 3,6 milhões de passageiros por dia, os problemas de circulação viária estão entre os mais difíceis de serem equacionados: nos horários de pico, os congestionamentos chegam a atingir mais de 200 quilômetros de extensão.[38]

A densidade populacional e o aumento do consumo geraram uma quantidade imensa de resíduos sólidos que ensejam tratamento adequado. Em regiões metropolitanas, há a ausência de espaço físico para os aterros sanitários, agravando o problema de saúde e poluição da água.

O fato metropolitano é incontestável e reclama ações conjuntas para orientar o uso e a ocupação do solo na definição de áreas destinadas a distritos industriais metropolitanos, habitação social e áreas de proteção ambiental. Situação essa que deverá ser solucionada por meio de um macrozoneamento, definindo políticas públicas relativas a drenagem urbana, coleta de lixo, abastecimento de água e esgotamento sanitário e orientar a gestão, os investimentos e a integração dos transportes coletivos.

---

[37] SANTOS, Milton. *A urbanização brasileira*. 5.ed. São Paulo: Edusp, 2009. p. 106-107.

[38] IPEA. *Caracterização e quadros de análises comparativas de governança metropolitana no Brasil*: Arranjos Institucionais da gestão metropolitana. Disponível em: <http://ipea.gov.br/redeipea/images/pdfs/governanca_metropolitana/rel_1_1_caracterizacao_rmsp.pdf>. Acesso em: 09 set. 2016.

Da realidade metropolitana, no campo do direito, faz emergir discussões atinentes a formação, requisitos, competências. Passemos, então, a analisar tais pontos.

CAPÍTULO II

REGIÃO METROPOLITANA – HISTÓRICO DA POSITIVAÇÃO NO SISTEMA JURÍDICO

2.1 Metrópole e positivação da região metropolitana no sistema jurídico

As metrópoles são realidades socioespaciais. Entretanto, não há uniformidade conceitual para metrópole.[39] Pode-se encontrar traços comuns para sua qualificação, dentre eles há o crescimento que acarreta a junção do tecido urbano entre cidades, o desaparecimento da área rural, a polarização econômica e o estabelecimento das relações de trabalho, moradia e comércio, criando interdependência funcional entre elas.

Na estrutura administrativa brasileira, há as regiões metropolitanas, aglomerações urbanas e microrregiões, constituídas por agrupamentos de municípios limítrofes, para integrar a organização, o planejamento e a execução de funções públicas de interesse comum. E sua implementação se dará por Lei Complementar do Estado, de acordo com artigo 25, parágrafo 3º da Constituição Federal.

---

[39] Tania Maria Fresca averba: "Metrópole é um termo marcado por diferentes conceitos e abordagens, que vem sendo discutido por diferentes autores e teorias desde o final do século XIX. Marcado pela polissemia, apresenta diferentes interpretações no último século, denotando tratar-se de um objeto que é fluido no tempo e espaço". Uma discussão sobre o conceito de metrópole. *Anpege – Associação Nacional de Pós-Graduação em Geografia*, Dourados-MS, v. 7, n. 8, 2011, p. 31.

A disposição constitucional possui natureza organizacional e a divisão de competência ali disciplinada marca o federalismo de cooperação, em que o interesse coletivo será tutelado por um dos entes da federação. A Constituição Federal não tolera espaços vazios de responsabilidade para solucionar aqueles interesses.[40]

A região metropolitana[41] possui diversos enfoques, tais como o urbanístico, econômico, social cultural, antropológico e jurídico. Assim, sob o viés jurídico, a Região Metropolitana é o agrupamento compulsório de municípios que apresenta características socioeconômicas que podem ser homogêneas ou heterogêneas, com a existência de um município polo,[42] que reclama o trato e solução de funções públicas de interesse comum, devendo ser instituída por lei complementar estadual e, diante de sua compulsoriedade com relação à adesão municipal, é o meio pelo qual se apresenta a nova dimensão do sistema federativo brasileiro.

O vínculo será estabelecido em razão da existência de funções públicas de interesse comum, em outro giro, a ausência desse critério objetivo inquinará de inconstitucionalidade a lei complementar instituidora.

A ideia de agrupamento de municípios com a preservação de sua autonomia não é fato contemporâneo, sua evolução se deu a partir da República Velha.

Na República Velha havia intenção de se estabelecer o agrupamento.

---

[40] ALVES, Alaôr Caffé. Regiões metropolitanas, aglomerações urbanas e microrregiões: novas dimensões constitucionais da organização do Estado Brasileiro. *Revista de direito ambiental*, São Paulo, n. 21, 2001. Revista dos Tribunais, p. 58.

[41] Onde está a região metropolitana? Esta é uma questão que pressupõe a resposta a uma outra: o que é região metropolitana? Esta última indagação implica a abordagem em duas direções: a direção estrutural e a direção funcional. Numa direção estrutural procuramos ver ou entender as condições básicas que determinam, de modo necessário, a existência de uma região metropolitana. Noutra, a funcional, empreendemos um esforço no sentido de caracterizar o aspecto finalístico em razão do qual consideramos determinada realidade é ou deve ser uma região metropolitana. Conforme ALVES, Alaôr Caffé. Regiões metropolitanas, aglomerações urbanas e microrregiões: novas dimensões constitucionais da organização do Estado Brasileiro. *Revista de direito ambiental*, n. 21, 2001. Revistas dos Tribunais, p. 60.

[42] Município-polo de uma região ou microrregião é aquele que, de acordo com a definição da estratégia de regionalização de cada Estado, apresenta papel de referência para outros municípios, em qualquer nível de atenção. Conceito retirado do CONSELHO NACIONAL DE SECRETÁRIOS DE SAÚDE – CONASS. *Programa de Informação e apoio técnico* às *novas Equipes Gestora Estaduais de 2003*. p. 34. Disponível em: <http://bvsms.saude.gov.br/bvs/publicacoes/para_entender_gestao.pdf>. Acesso em: 29 ago. 2016.

CAPÍTULO II
REGIÃO METROPOLITANA – HISTÓRICO DA POSITIVAÇÃO NO SISTEMA JURÍDICO | 37

A ideia de agrupamento municipal foi, pela primeira vez, acolhida em 1933, no anteprojeto da Constituição da Comissão do Itamaraty, em que se autorizava aos Estados a constituição, em Região, com autonomia, rendas e funções que a lei lhes atribuísse, de um grupo de Municípios contíguos, unidos pelos mesmos interesses econômicos. Cogitava-se de verdadeira região autônoma, surgindo como nova Entidade de Direito público interno, dotada de órgão diretivo e conselho regional, tal qual aconteceu na Itália, na Constituição de 1947.[43]

Para administração de serviço público comum, a Constituição de 1937 estabeleceu a possibilidade dos municípios se organizarem em aglomerações, de acordo com artigo 29.

> Art. 29 - Os Municípios da mesma região podem agrupar-se para a instalação, exploração e administração de serviços públicos comuns. O agrupamento, assim constituído, será dotado de personalidade jurídica limitada a seus fins.
>
> Parágrafo único - Caberá aos Estados regular as condições em que tais agrupamentos poderão constituir-se, bem como a forma, de sua administração.

Não houve avanço das tentativas, na medida em que dado ao perfil ditatorial e centralizador não havia espaço para outras formas de descentralização política.

A expressão 'região metropolitana' foi inserida pela primeira vez na sexta Constituição brasileira, outorgada em 24 de janeiro de 1967, no parágrafo terceiro[44] do artigo 157:

> §10º - A União, mediante lei complementar, poderá estabelecer regiões metropolitanas, constituídas por Municípios que, independentemente de sua vinculação administrativa, integrem a mesma comunidade socioeconômica, visando à realização de serviços de interesse comum.

A Emenda Constitucional nº 1, de 1969, introduziu alterações no texto constitucional. As regiões metropolitanas permaneceram no título da ordem Econômica e foi recolocada no artigo 164:

> Art. 164. A União, mediante lei complementar, poderá para a realização de serviços comuns, estabelecer regiões metropolitanas, constituídas por municípios que, independentemente de sua vinculação administrativa, façam parte da mesma comunidade socioeconômica.

---

[43] TEIXEIRA, Ana Carolina Wanderley. *Região Metropolitana*. Belo Horizonte: Fórum, 2009. p. 60.

[44] Esse dispositivo tem origem em estudo de Hely Lopes Meirelles. Cf. AZEVEDO, Eurico. Instituições de regiões metropolitanas no Brasil. *Revista de Direito Público*, n. 2, out./dez. 1967. p. 193-194.

A diferença entre os textos foi de redação e relativa à finalidade das regiões metropolitanas e a realização de serviços de interesse comum, decorrendo da emenda nº 848,[45] apresentada pelo Senador Eurico Rezende:

> As regiões metropolitanas constituem hoje em dia uma realidade urbanística que não pode ser desconhecida das administrações modernas, nem omitida no planejamento regional. Por regiões metropolitanas, entendem-se aqueles Municípios que gravitam em torno da grande cidade, formando com esta uma unidade socioeconômica, com recíprocas implicações nos seus serviços urbanos e interurbanos. Assim sendo, tais serviços deixam de ser de exclusivo interesse local, por vinculados estarem a toda a comunidade metropolitana. Passam a constituir a tessitura intermunicipal daquelas localidades, e, por isso mesmo, devem ser planejados e executados em conjunto por uma administração unificada e autônoma, mantida por todos os Municípios da região, na proporção de seus recursos, e se estes forem insuficientes, hão de ser complementados pelo Estado e até mesmo pela União, porque os seus benefícios também se estendem aos governos estadual e federal. Eis por que a emenda propõe o reconhecimento constitucional dessa realidade, possibilitando a unificação dos serviços intermunicipais de regiões metropolitanas, subvenção estadual e federal, se necessário, para o pleno atendimento da imensa população que se concentra nessas regiões. Nações civilizadas já adotaram essa técnica administrativa, com excelentes resultados, como é o caso de Toronto, Londres e Nova Délhi.[46]

A competência para a instituição das regiões metropolitanas foi conferida a União, para realizar serviços comuns dos Municípios integrantes da mesma comunidade socioeconômica.

Não obstante o contexto, a metrópole e seus efeitos já eram objeto de preocupação desde o início da década de 60. Várias iniciativas foram decisivas para a inclusão do tema na Constituição Federal de 1967, tais como o Grupo Executivo da Grande São Paulo, criado por decreto do Governador em 29.03.1967; o Grupo de Estudos da Área Metropolitana (GERMT),[47] criado pelo Governo Federal; o Grupo Executivo da Região Metropolitana (GERM), instituído pelos prefeitos da área de influência de Porto Alegre e que ficaram incumbidos da elaboração

---

[45] Duas são as fontes da emenda Estudos do Ministério do Planejamento. Vide SARASARE, Paulo. *A constituição do Brasil ao alcance de todos.* Rio de Janeiro: Freitas Bastos, 1967. p. 513.

[46] BRASIL. Senado Federal. *Anais da Constituição de 1967*, 6º volume, tomo II, Brasília, 1970. p. 913-914.

[47] GOVERNO DO ESTADO DE SÃO PAULO-SECRETARIA DO INTERIOR E FUNDAÇÃO PREFEITO FARIA LIMA-CEPAM. AMBROSIS, Clementina de (coord.). Boletim do Interior, v. 16, n. 8, ago./1983. p. 420.

do Plano Diretor Metropolitano. Foi criada na Bahia a Companhia de Desenvolvimento do Recôncavo (CONDER) e, em Belo Horizonte, foi elaborado o plano preliminar da Região Metropolitana.[48]

A Lei Complementar nº 14 de 1974 foi publicada seis anos após o Texto Constitucional, o que denota as dificuldades e complicações de diversas naturezas. Algumas razões para isso foram:

a) necessidade de ser preservada autonomia dos Municípios que viessem a integrar as áreas metropolitanas. Essa necessidade, parece, era aceita pela maioria das opiniões;

b) o dilema entre um *governo metropolitano* e uma *administração metropolitana*. A ideia de um governo metropolitano exigiria ou a extinção dos municípios abrangidos pelas áreas metropolitanas (um supermunicípio, como se chegou a dizer, com um superprefeito, que passaria a ser um poderosíssimo Executivo), ou de um quarto nível de Governo, além do federal, estadual e municipal. Essa última hipótese era considerada por demais complexa, dadas suas implicações sobre toda a organização política e jurídica do país;

c) dúvida entre a elaboração de uma lei para cada área (cogitava-se de oito a nove) ou uma lei geral para todas;

d) o grau de participação do Governo Federal nas administrações metropolitanas. As entidades federais estariam subordinadas às administrações metropolitanas quando autuando no território dessas? Haveria contribuições financeiras obrigatórias do Governo Federal para as administrações metropolitanas, já que essas envolveriam as maiores áreas urbanas do país? [49]

A Lei Complementar Federal nº 14 de 1973 criou as regiões metropolitanas de São Paulo, Belo Horizonte, Porto Alegre, Salvador, Curitiba, Belém e Fortaleza, estabelecendo algumas regras: tratamento unificado às regiões metropolitanas com imposição aos municípios da participação compulsória, definindo, ainda, os serviços comuns *saneamento básico, notadamente abastecimento de água e rede de esgotos e serviço de limpeza pública; uso do solo metropolitano; transportes e sistema viário, produção e distribuição de gás combustível canalizado; aproveitamento dos recursos hídricos e controle da poluição ambiental, na forma que dispuser a lei federal; outros serviços incluídos na área de competência do Conselho*

---

[48] AZEVEDO, Sergio; MARES GUIA, Virgínia R. dos. Reforma do Estado e federalismo os desafios da governança metropolitana. In: *O Futuro das metrópoles – desigualdade e governabilidade*. 2. ed. Rio de Janeiro:Letra Capital, 2015. p. 530-531.

[49] GOVERNO DO ESTADO DE SÃO PAULO-SECRETARIA DO INTERIOR E FUNDAÇÃO PREFEITO FARIA LIMA-CEPAM. AMBROSIS, Clementina de (coord.). Boletim do Interior, v. 16, n. 8, ago./1983, p. 421.

Deliberativo por lei federal.[50] A habitação não foi considerada, bem como também não se consideraram os serviços de peculiaridade regional. Do ponto de vista da gestão estabeleceu-se competência para implementação de políticas de desenvolvimento regional por meio do Conselho Deliberativo[51] auxiliado por um Conselho Consultivo e ambos com suporte e apoio técnico de entidade a ser criada no âmbito dos Estados. Contudo, não foram previstos meios para recebimento de recursos para que a ação dos mesmos fosse concretizada.

O Conselho Deliberativo era presidido pelo Governador e este definido pelo Governo Federal. Por conseguinte, a centralidade decisória estava nas mãos do Governo Federal – com a ausência de autonomia e principalmente de recursos para a manutenção dessas entidades o sistema se mostrou claramente frágil. Essa realidade se plasmou na desarticulação do sistema de planejamento metropolitano na esfera federal com a crise financeira e frente aos novos rumos políticos advindos da redemocratização.

Apesar de o sistema ter se mostrado frágil, o ponto de relevância da edição da lei foi a consagração da ideia de que a prestação de serviços em áreas metropolitanas deve ser enfrentada em conjunto.

A década de 60 impôs para a história constitucional do Brasil o abandono do paradigma democrático da federação, sendo marcada pela centralização e excesso de competências para União, onde

---

[50] Artigo 5º da Lei Complementar Federal nº 14/73.

[51] Art. 2º - Haverá em cada Região Metropolitana um Conselho Deliberativo, presidido pelo Governador do Estado, e um Conselho Consultivo, criados por lei estadual. (Redação dada pela Lei Complementar nº 27, de 1973).
§1º - O Conselho Deliberativo contará em sua composição, além do Presidente, com 5 (cinco) membros de reconhecida capacidade técnica ou administrativa, um dos quais será o Secretário-Geral do Conselho, todos nomeados pelo Governador do Estado, sendo um deles dentre os nomes que figurem em lista tríplice organizada pelo Prefeito da Capital e outro mediante indicação dos demais Municípios integrante da Região Metropolitana. (Redação dada pela Lei Complementar nº 27, de 1973).
§2º - O Conselho Consultivo compor-se-á de um representante de cada Município integrante da região metropolitana sob a direção do Presidente do Conselho Deliberativo.
§3º - Incumbe ao Estado prover, a expensas próprias, as despesas de manutenção do Conselho Deliberativo e do Conselho Consultivo.
Art. 3º - compete ao Conselho Deliberativo:
I - promover a elaboração do Plano de Desenvolvimento integrado da região metropolitana e a programação dos serviços comuns;
II - coordenar a execução de programas e projetos de interesse da região metropolitana, objetivando-lhes, sempre que possível, a unificação quanto aos serviços comuns;
Parágrafo único - A unificação da execução dos serviços comuns efetuar-se-á quer pela concessão do serviço a entidade estadual, que pela constituição de empresa de âmbito metropolitano, quer mediante outros processos que, através de convênio, venham a ser estabelecidos.

esse ente federado foi o responsável pelo controle da atuação dos Estados-membros.

Diante dessa realidade, a Constituição Federal de 1988 foi moldada com a inauguração de novo pacto federativo, com a busca de um federalismo de cooperação que evoluiu para o federalismo de cooperação assimétrico.

No que diz respeito ao tratamento metropolitano,[52] abriu espaço para a possiblidade de estruturas mais adequadas a peculiaridades regionais, institucionalizou mecanismo de gestão, introduzindo competência aos Estados Membros para instituir e organizar as regiões metropolitanas. O artigo 25, §3º, assim está disposto:

> Art. 25. Os Estados organizam-se e regem-se pelas Constituições e leis que adotarem, observados os princípios desta Constituição.
>
> [...]
>
> §3º Os Estados poderão, mediante lei complementar, instituir regiões metropolitanas, aglomerações urbanas e microrregiões, constituídas por agrupamentos de municípios limítrofes, para integrar a organização, o planejamento e a execução de funções públicas de interesse comum.

A Constituição Federal de 1988 traçou nova silhueta para as relações entre os níveis de governo, garantindo mecanismos ao federalismo cooperativo.

Quanto ao regionalismo não tivemos maiores novidades, posto que já integrava o nosso sistema desde 1937, havendo apenas uma evolução que foi plasmada nas regiões administrativas, regiões de desenvolvimento, regiões metropolitanas, aglomerações urbanas e microrregiões.

Com definição constitucional, as regiões administrativas são polos de desenvolvimento onde a União poderá organizar sua atuação em um complexo geoeconômico buscando a reduzir as desigualdades regionais. O artigo 43 de nossa Lei Fundamental[53] assim dispõe: Para efeitos administrativos, a União poderá articular sua ação em um mesmo

---

[52] Embora a realidade metropolitana fosse um fato indiscutível, a solução não foi de imediato incorporada, mesmo a Constituição de 1988, que sem dúvida avançou na redistribuição das competências, não plasmou de modo claro e evidente o caminho a ser trilhado. Contudo, a Lei Complementar de 1973 foi a semente para fazer brotar a busca da efetividade na prestação serviço, na qualidade de vida das pessoas, no desenvolvimento econômico, dentre outras atividades, diante de uma realidade contemporânea: a metrópole.

[53] Art. 43. Para efeitos administrativos, a União poderá articular sua ação em um mesmo complexo geoeconômico e social, visando a seu desenvolvimento e à redução das desigualdades regionais.
§1º Lei complementar disporá sobre:
I - as condições para integração de regiões em desenvolvimento;

LILIAN REGINA GABRIEL MOREIRA PIRES
REGIÃO METROPOLITANA – GOVERNANÇA COMO INSTRUMENTO DE GESTÃO COMPARTILHADA

complexo geoeconômico e social, visando a seu desenvolvimento e à redução das desigualdades regionais. As regiões de desenvolvimento[54] foram instituídas a partir da Constituição de 1946, com a criação de vários órgãos federais, dentre eles a Sudam,[55] autarquia federal vinculada ao Ministério da Integração Nacional, tendo como missão institucional promover o desenvolvimento includente e sustentável da Amazônia assegurando a erradicação da miséria e a redução das desigualdades regionais. E a Superintendência de Desenvolvimento do Nordeste (SUDENE),[56] autarquia especial e vinculada ao Ministério da Integração Nacional, que tem por finalidade promover o desenvolvimento includente e sustentável nos Estados do Maranhão, Piauí, Ceará, Rio Grande do Norte, Paraíba, Pernambuco, Alagoas, Sergipe, Bahia e as regiões e os Municípios do Estado de Minas Gerais e a integração competitiva da base produtiva regional na economia nacional e internacional.

As regiões metropolitanas, criadas por lei complementar estadual, foram instituídas para o planejamento execução de funções públicas de interesse comum, conforme artigo 25, parágrafo 3º da Constituição Federal.

A política de desenvolvimento regional no Brasil foi influenciada pela teoria dos polos de crescimento de François Perroux, pela qual um polo de desenvolvimento irradia seus efeitos benéficos a toda região. E o processo de redemocratização do país se contrapôs à centralização do Regime Militar e a estrutura federativa sofreu profundas modificações, especialmente naquilo que concerne a distribuição de poder político e o relacionamento entre os entes federativos, a descentralização foi

---

II - a composição dos organismos regionais que executarão, na forma da lei, os planos regionais, integrantes dos planos nacionais de desenvolvimento econômico e social, aprovados juntamente com estes.
§2º Os incentivos regionais compreenderão, além de outros, na forma da lei:
I - igualdade de tarifas, fretes, seguros e outros itens de custos e preços de responsabilidade do Poder Público;
II - juros favorecidos para financiamento de atividades prioritárias;
III - isenções, reduções ou diferimento temporário de tributos federais devidos por pessoas físicas ou jurídicas;
IV - prioridade para o aproveitamento econômico e social dos rios e das massas de água represadas ou represáveis nas regiões de baixa renda, sujeitas a secas periódicas.
§3º Nas áreas a que se refere o §2º, IV, a União incentivará a recuperação de terras áridas e cooperará com os pequenos e médios proprietários rurais para o estabelecimento, em suas glebas, de fontes de água e de pequena irrigação.

54 O desenvolvimento regional teve a criação de diversos órgãos federais além da Sudam e Sudene, a Sudesul, Suvale, Suframa, Sudeco, para tentativa de acelerar o crescimento econômico de diversos Estados brasileiros

55 Lei Complementar nº 124, de 3 de janeiro de 2007.

56 *Idem.*

adotada como bandeira da democratização, com o repasse de funções aos Estados e Municípios.

Com a Constituição de 1988, consagrou-se a autonomia municipal e a descentralização do poder político. Claro que diante de uma federação desigual e sem a cultura e experiência no planejamento, esses novos ventos trouxeram desafios.

Portanto, o trato da questão regional está ligado à história do Estado Brasileiro e as decisões ao longo do tempo estão relacionadas com as convicções ideológicas daqueles que a programaram. Celso Furtado averbou:

> A medula dessa questão é a seguinte: o Brasil é um extenso território ocupado de modo irregular, apresentando combinações diversas de fatores e recursos em sistemas econômicos com distintas potencialidades; desenvolver simultaneamente esses sistemas significa dividir em demasia os recursos e reduzir a intensidade média de crescimento do conjunto. Verifica-se, assim, que é necessário concentrar os recursos escassos nas regiões de maiores potencialidades, a fim de criar um núcleo suficientemente poderoso que sirva de base do desenvolvimento de outras regiões. Mesmo reconhecendo alguma verdade nessa ideia, a formulação geral do problema me parece incorreta. Abandonar as regiões de escassos recursos e com rápido crescimento de população é permitir que se criem graves problemas para o futuro do país. Em um plano de desenvolvimento é necessário considerar em conjunto toda a economia nacional.[57]

Originalmente, a região metropolitana nasceu sob o signo do desenvolvimento, ao contrário das regiões de desenvolvimento instituídas a partir da constituição de 1946, que objetivavam o desenvolvimento nacional. Contudo, os efeitos da conurbação, da industrialização, da explosão demográfica, transformam a região metropolitana em desumana e excludente e o desenvolvimento ora preconizado tem um custo alto para a população.

Diante dessa realidade imutável que transformou a metrópole em segregadora e excludente, é necessário enfrentar sua essência do modo claro, bem como reavaliar o papel do Estado e identificá-lo como grande maestro dessa organização, para gizar o caminho da governança interfederativa de modo a resgatar o espaço urbano para as pessoas, melhorar as condições de vida de seus habitantes, criar condições para que todos tenham possibilidades de escolhas, prestigiando o princípio da igualdade.

---

[57] FURTADO, Celso. *Perspectivas da economia brasileira*. Rio de Janeiro: Instituto Superior de Estudos - ISEB, 1958. p. 53.

Portanto, é imperiosa a discussão do tema para que fique clara a necessidade do enfrentamento da questão e da implementação de políticas públicas para o tratamento dos serviços e problemas comuns. No próximo tópico veremos o conceito de região metropolitana, criação e extinção.

2.2 Conceito, criação e extinção da região metropolitana

O fenômeno urbano denominado 'região metropolitana' possui vários aspectos: o urbano, o econômico, o social, o antropológico, o legal. A positivação dos conceitos jurídicos das regiões metropolitanas foi instituída por meio das Constituições Estaduais e Leis Complementares e a partir dessas definições a doutrina ocupou-se de formular vários conceitos.

Não há conceito universal relativo às referidas regiões, pois cada ordenamento jurídico definirá quais seus contornos. Juan Carlos Covilla Martinez assevera que não existe um conceito global da palavra metrópole, posto que cada ordenamento jurídico fixará sua definição de acordo com as características de cada país.[58]

Eros Grau apresenta seu conceito sob o aspecto geográfico, populacional e econômico, assim descrito:

[...] um conjunto territorial intensamente urbanizado, com marcante densidade demográfica, que constitui um polo de atividade econômica, apresentando uma estrutura própria definida por funções privadas e fluxos peculiares, formando, em razão disso, uma mesma comunidade socioeconômica em que as necessidades específicas somente podem ser, de modo satisfatório, atendidas através de funções governamentais coordenada e planejadamente exercitadas.[59]

Alaôr Caffé assim conceitua:

A região metropolitana é a constituída por mandamento legal que, reconhecendo a existência de uma comunidade socioeconômica com funções urbanas altamente diversificadas, especializadas e integradas, estabelece o grupamento de Municípios por ela abrangidos, com vistas à realização integrada da organização, planejamento e execução de funções

---

[58] MARTINEZ, Juan Carlos Covilla. *Las Administraciones metropolitanas*. Bogotá: Universidade Externado de Colômbia, 2010. p. 157.

[59] GRAU, Eros Roberto. *Regiões metropolitanas regime jurídico*. São Paulo: Editor José Bushatsky, 1974. p. 26-27.

públicas de interesse comum exigidos em razão daquela mesma integração urbano-regional.[60]

Para Ana Carolina Wanderley Ferreira:

As regiões metropolitanas, mais importante espécie de regionalização no direito brasileiro, são constituídas por uma comunidade dotada de funções urbanas especializadas e integradas, com vistas "a organização, planejamento e execução de funções públicas de interesse comum exigidas em razão daquela mesma integração urbano regional"(Alves, 1981, p. 155). Entre tais funções de interesse comum, identificam-se, v.g, a segurança pública, saneamento básico, uso do solo metropolitano, aproveitamento de recursos hídricos , produção e distribuição de gás canalizado, cartografia, habitação, preservação do meio ambiente, combate a poluição e planejamento integrado.[61]

Pedro Estevam Alves Pinto Serrano assim qualifica a região metropolitana:

[...] ente administrativo estadual da administração direta ou indireta, sob regime jurídico de Direito Público, instituída por faculdade discricionária do legislador complementar estadual por conta do permissivo constitucional do parágrafo 3º de nossa Carta Magna, em áreas de conurbação de três ou mais municípios em que haja a necessidade de realização de serviços e atividades comuns de caráter regional, no interior dos limites da competência constitucional do Estado- membro e em seu nome e sob sua responsabilidade realizados por gestão compartilhada com os municípios integrantes, nos limites e organização estipulados na lei instituidora, sem interferência na autonomia municipal.[62]

A metrópole pode ser considerada sob vários aspectos: a Constituição Federal tratou a questão sob o aspecto estrutural quando deslocou o assunto para a o capítulo da Organização do Estado. Não obstante o caráter estrutural, a constatação do que é metropolitano apresenta um caráter funcional, isto quer dizer que o "ser" metropolitano nem sempre coincide com o dever ser metropolitano, podendo haver uma maior ou menor discrepância entre esses aspectos fundamentais da realidade. O ideal é que haja uma convergência.[63]

---

[60] ALVES, Alaôr Caffé. *Planejamento metropolitano e autonomia municipal no direito Brasileiro*. São Paulo: Editor José Bushatsky, 1981. p. 155.

[61] TEIXEIRA, Ana Carolina Wanderley. *op. cit.*, p. 69.

[62] SERRANO, Pedro Estevam Alves Pinto. *Região metropolitana e seu regime constitucional*. 1. ed. São Paulo: Verbatim, 2009. p. 190.

[63] ALVES, Alaôr Caffé. *op. cit.*, p. 60.

Nesses termos, o texto constitucional, além de deslocar a região metropolitana para a organização do Estado, definiu que sua existência será para integrar a organização, planejamento e execução de funções públicas de interesse comum.

Contudo, e não desconsiderando seu avanço, a determinação constitucional foi tímida e possibilitou espaço para a criação desenfreada de regiões metropolitanas.[64]

Foi com a Lei nº 13.089 de 2015, denominada Estatuto das Metrópoles, que se reconheceu que uma metrópole não pode ser definida apenas pela existência de interesses comuns ou por interesses políticos e a definiu, no artigo 2º, inciso V, como:

> Metrópole: espaço urbano com continuidade territorial que, em razão de *sua população e relevância política e socioeconômica*, tem influência nacional ou sobre uma região que configure, *no mínimo, a* área *de influência de uma capital regional*, conforme os critérios adotados pela Fundação Instituto Brasileiro de Geografia e Estatística – IBGE. (grifos nossos)

E, também, estabeleceu que região metropolitana é uma aglomeração urbana que configura uma metrópole (inciso VII, art. 2º). De sua vez, no parágrafo único do artigo 2º, fixou os critérios para a delimitação da região de influência de uma capital regional [...] considerarão os bens e serviços fornecidos pela cidade à região, abrangendo produtos industriais, educação, saúde, serviços bancários, comércio, empregos e outros itens pertinentes, e serão disponibilizados pelo IBGE na rede mundial de computadores.

Nessa senda, a região metropolitana é espaço urbano com continuidade territorial, com alta densidade populacional, relevância política e socioeconômica em nível nacional ou regional, onde está

---

[64] Segundo estudo elaborado pelo Observatório das Metrópoles, em 2012, quando o Brasil contava com 59 unidades institucionalizadas, dos 945 municípios incluídos nessa análise constatou-se que a maioria dos municípios (508) possuía níveis baixo e muito baixo de integração, e concentravam menos de 6% da população, e menos de 2,5% do PIB e da renda, refletindo uma inserção muito tênue ao processo de metropolização. Nesses municípios, o grau de urbanização e a participação de ocupados não agrícolas sobre o total de ocupados apresentam os menores níveis, diferenciando-se dos demais níveis de integração. De acordo com o último estudo do IBGE sobre a rede urbana brasileira (Região de Influência de Cidades 2008) o Brasil conta com 12 metrópoles, compostas por aproximadamente 172 municípios. Trata-se de um quadro bastante distinto daquele desenhado pela definição das leis estaduais. Para se ter uma ideia, nesse quadro oficial está ao mesmo tempo São Paulo, com seus 19,6 milhões de pessoas ou 10% da população do Brasil, e a região metropolitana Sul do Estado de Roraima, com população de pouco mais de 21 mil habitantes. OBSERVATÓRIO DAS METRÓPOLES. Disponível em: <http://www.observatoriodasmetropoles.net>. Acesso em: 15 maio 2016.

determinada a possibilidade do agrupamento compulsório de municípios, que reclama o trato e solução de funções públicas de interesse comum, cuja instituição se dará por lei complementar de competência do Estado.

Assim, a definição legislativa contempla requisitos materiais e funcionais,[65] além dos aspectos formais e quantitativos. A configuração de uma região metropolitana demanda entre os munícipios integração das dinâmicas geográficas, ambientais, políticas, socioeconômicas e complementaridade funcional.

2.2.1 Criação e extinção

A criação da região metropolitana pela Constituição de 1988 é competência do Estado-membro, mediante lei complementar. Enfatize-se que essa figura não é entidade política autônoma, mas ente com função administrativa e executiva.

A Constituição conferiu ao Estado competência para instituir a região com a finalidade de integrar a organização, o planejamento e a execução de funções públicas de interesse comum. Isso decorre do artigo 25, §3º que estabelece:

[...] poderão os Estados, mediante lei complementar, instituir regiões metropolitanas, aglomerações urbanas e microrregiões, constituída por Municípios limítrofes, para integrar a organização, o planejamento e a execução de funções públicas de interesse comum.

Não obstante, as competências municipais estabelecidas no artigo 30 da Constituição Federal permanecem intactas, o que ocorre é que o interesse local se qualifica como interesse regional ou intermunicipal. Marcos Juruena Villela Souto averbou:

---

[65] Sem dúvida, a busca da definição da metrópole com base em um conceito elaborado e mensurado empiricamente representa um avanço louvável. *A sua aplicação implicaria assumir que o Brasil contaria com as atuais 78 unidades urbanas institucionalizadas através de leis federais ou estaduais (entre regiões metropolitanas, regiões integradas de desenvolvimento e aglomerações urbanas), e estas provavelmente não contariam com os 1308 municípios que atualmente as compõem, mas haveria uma reconfiguração desse quadro, levando a diminuição das regiões metropolitanas e dos municípios que as integram.* Inclusive no estado da Paraíba, onde 67% dos municípios fazem parte, hoje, de alguma região metropolitana. Em Santa Catarina, onde 100% dos municípios estão em regiões metropolitanas. Vide RIBEIRO, Luiz César de Queiroz; SANTOS JUNIOR, Orlando Alves; RODRIGUES, Juciano Martins. *Estatuto da Metrópole: o que esperar?* Avanços, limites e desafios. Disponível em: <http://www.observatoriodasmetropoles.net/index.php?option=com_k2&view=item&id=1148:estatuto-da-metr%C3%B3pole-avan%C3%A7os-limites-edesafios&Itemid=180&lang=en>. Acesso em: 16 jul. 2016.

[...] *é* importante chamar atenção para o detalhe que uma lei que institui Região Metropolitana pressupõe um fenômeno econômico, fático, social e urbanístico, que *é* a conurbação. Portanto, quando existe uma conurbação, os interesses estão interpenetrados, não se percebe mais onde termina um Município e começa outro, e aí não se pode falar mais em interesse predominantemente local; o interesse passa a ser regional, sendo isso que viabiliza escala entre todos.[66]

Certo é que há serviços que se realizados de forma irregular ou indevida por um município também afetará os demais integrantes de determinada região, ou seja, são serviços que necessitam de prestação integrada. Imagine-se o esgoto despejado de forma irregular em uma localidade que pode prejudicar suas áreas vizinhas. O uso do solo por um município pode determinar a vedação de determinada atividade e tais serviços migrarão para o município mais próximo, município este que pode não estar preparado para tal desiderato. Com isso, a integração pode se mostrar imperiosa em questões de segurança, preservação ambiental, transporte, habitação e aproveitamento de recursos hídricos, dentre outros.

Assim, a competência para instituição da região metropolitana é do Estado-membro e esta consiste em um agrupamento relevante de Municípios, cuja finalidade é de executar funções públicas que, pela sua natureza, exigem a cooperação entre eles. Tal agrupamento só pode ser criado por lei complementar estadual.

Não é demais enfatizar que a região metropolitana é divisão administrativa, e não pessoa política autônoma e muito menos ente federativo. Hely Lopes Meirelles já aclarou a questão:

[...] a Região metropolitana não se erige em entidade estatal intermediária entre o Estado e os Municípios. Na nossa organização constitucional federativa não há lugar para uma nova entidade política. A Região metropolitana será apeas uma área de serviços especiais, de natureza meramente administrativa. Sua administração poderá ser feita por entidade autárquica (autarquia) ou estatal (empresa pública, sociedade de economia mista), ou até mesmo ser atribuída a um órgão do Estado (Secretaria de Estado) ou a um colegiado de representantes dos Estados e dos Municípios (comissão ou Conselho), segundo interesses e conveniências de cada região.[67]

---

[66] SOUTO, Marcos Juruena Villela. Parcerias decorrentes do Programa Estadual de Desestatização. In: *Revista de Direito da Procuradoria-Geral do Estado do Rio de Janeiro*, v. 59, 2005. p. 156.

[67] MEIRELLES, Hely Lopes. *op. cit.* p. 83-84.

Assim, será constituído por lei complementar o ente que possui função administrativa e executória e não competência político-legislativa própria. A participação do município na região metropolitana, como dito anteriormente, é compulsória, inexistindo necessidade de aprovação prévia do legislativo municipal, bem como também inexiste direito de retirada.[68] Há que se deixar claro que a inexistência do direito de retirada não colide com a autonomia municipal como, aliás, já se posicionou o STF no julgamento da ADI 1842/RJ:

> A Constituição Federal conferiu ênfase à autonomia municipal ao mencionar os municípios como integrantes do sistema federativo (art. 1º da CF/1988) e ao fixá-la junto com os estados e o Distrito Federal (art. 18 da CF/1988). A essência da autonomia municipal contém primordialmente (i) autoadministração, que implica capacidade decisória quanto aos interesses locais, sem delegação ou aprovação hierárquica; e (ii) autogoverno, que determina a eleição do chefe do Poder Executivo e dos representantes no Legislativo. *O interesse comum e a compulsoriedade da integração metropolitana não são incompatíveis com a autonomia municipal.* O mencionado interesse comum não é comum apenas aos municípios envolvidos, mas ao Estado e aos municípios do agrupamento urbano. O caráter compulsório da participação deles em regiões metropolitanas, microrregiões e aglomerações urbanas já foi acolhido pelo Pleno do STF (ADI 1841/RJ, Rel. Min. Carlos Velloso, DJ 20.9.2002; ADI 796/ES, Rel. Min. Néri da Silveira, DJ 17.12.1999). O interesse comum inclui funções públicas e serviços que atendam a mais de um município, assim como os que, restritos ao território de um deles, sejam de algum modo dependentes, concorrentes, confluentes ou integrados de funções públicas, bem como serviços supramunicipais. (grifos nossos)[69]

Importante ressaltar que as competências dos três níveis governamentais estão distribuídas para atender as necessidades do regional, visando a ganho de eficiência com decisões de qualidade e otimização de recursos. As disposições da Constituição Federal de 1988 tiveram repercussão nas constituições estaduais, a exemplo na Constituição do Estado de São Paulo onde foi estabelecido os objetivos e requisitos daquela organização, bem como se determinou a constituição de dois conselhos – deliberativo e consultivo.[70]

---

[68] ADI n. 1841/RJ, Relator Ministro Carlos Veloso, DJ 29/02/2002; ADI n. 796/ES, Relator Ministro Néri da Silveira, DJ 17/12/1999.

[69] ADI 1842/RJ. Relator Ministro Luiz Fux. Redator Gilmar Mendes. DJ 13/09/2013. Ementário 2701. Tópico 3.

[70] Artigo 154 - Visando a promover o planejamento regional, a organização e execução das funções públicas de interesse comum, o Estado criará, mediante lei complementar, para cada unidade regional, um conselho de caráter normativo e deliberativo, bem como disporá sobre a organização, a articulação, a coordenação e, conforme o caso, a fusão de

Certo é que com a redemocratização do país houve a transferência de obrigações/competências aos Estados e municípios – qualquer situação que possa abalar essa realidade é combatida com vigor. Com isso obstaculizou-se qualquer pensamento relativo a políticas de cooperação, fundamentalmente necessárias no processo de descentralização. Assim, na discussão sobre a consolidação da área metropolitana a temática da autonomia municipal é o maior obstáculo.

Não é incomum a defesa acalorada da autonomia plena e exclusiva do município para solução de interesses locais, bem como a visível disputa entre chefes dos executivos municipais travando uma competição predatória, resultarem em um entrave real para a operacionalização do instrumento de agrupamento que visa à solução dos problemas regionais. Tais posicionamentos contrariam o texto constitucional que sinalizou caminho para solução de questões que possuem alcance e reflexos dentro de parcela do estado e para além do município.

Para a compatibilização da autonomia municipal e o interesse comum é necessária uma análise interpretativa das competências dos entes. Claro que autonomia, em sua acepção plena, significa autogovernar-se pelos próprios meios, não obstante a adoção do federalismo de cooperação afastar a autonomia municipal absoluta. Alaôr Caffé Alves averba:

> O sistema tornou-se muito menos rígido, permitindo, precisamente em razão de nossa grande extensão territorial e diversidades socioeconômicas, um partilhamento de competências normativas e administrativas de maior flexibilidade e agilidade para possibilitar a ação mais adequada e racional do Poder Público. Mesmos as competências de responsabilidade específica de cada ente político são tratadas, em grande parte, como

---

entidades ou órgãos públicos atuantes na região, assegurada, nestes e naquele, a participação paritária do conjunto dos Municípios, com relação ao Estado.
§1º - Em regiões metropolitanas, o conselho a que alude o "caput" deste artigo integrará entidade pública de caráter territorial, vinculando-se a ele os respectivos órgãos de direção e execução, bem como as entidades regionais e setoriais executoras das funções públicas de interesse comum, no que respeita ao planejamento e às medidas para sua implementação.
§2º - É assegurada, nos termos da lei complementar, a participação da população no processo de planejamento e tomada de decisões, bem como na fiscalização da realização de serviços ou funções públicas em nível regional.
§3º - A participação dos municípios nos conselhos deliberativos e normativos regionais, previstos no "caput" deste artigo, será disciplinada em lei complementar.
Artigo 155 - Os Municípios deverão compatibilizar, no que couber, seus planos, programas, orçamentos, investimentos e ações às metas, diretrizes e objetivos estabelecidos nos planos e programas estaduais, regionais e setoriais de desenvolvimento econômico-social e de ordenação territorial, quando expressamente estabelecidos pelo conselho a que se refere o art. 154.

competências que permitem a cooperação normativa e administrativa de outros entes políticos federativos, se para tanto forem autorizados pelo ente originário, inaugurando a chamada competência privativa, muito menos severa no seu isolamento do que as competências de caráter exclusivo.

Desse modo, no Brasil, vigora atualmente um quadro de competências constitucionais cuja distribuição caracteriza o federalismo de integração, sucessor do federalismo de cooperação, ambos contrários ao federalismo dualista, de caráter rígido e tradicional, onde dominavam as competências exclusivas. Nesse sentido, como regra, a interpretação sistêmica da Constituição Federal deve sempre levar em conta os objetivos de integração entre os interesses públicos nacionais, estaduais, distritais e municipais, precisamente na forma como foram intencionados pelo legislador constituinte.[71]

O princípio definidor da estrutura de competência constitucional é a predominância de interesse. Muitas vezes essa predominância não é evidente ou fácil de elencar e em razão dessa possível dualidade que o texto constitucional estabeleceu para as competências comuns e concorrentes. Daniela Campos Libório muito bem observa:

> O princípio que norteou estas diferenciações foi o da predominância de interesse. A União tem interesse geral; os Estados-membros, interesse regional, o Distrito Federal, interesse regional e local, e o Município, interesse local [...]. Analisadas desta forma, as competências constitucionais assumem a estrutura verticalizada mas não hierarquizada [...].[72]

A coordenação e cooperação federativa buscam equilíbrio entre os entes federados, plasmadas na Constituição Federal nos artigos 24 (coordenação), que busca concatenar um procedimento, um resultado de interesse de todos e 23 (cooperação), no qual todos colaboram para a execução das tarefas.

Assim, entendo que o fenômeno da conurbação resulta em um agrupamento de municípios limítrofes e a Região Metropolitana é resultado dessa junção que cria um único sistema que reclama o planejamento e a execução de funções públicas de interesse comum.

---

[71] ALVES, Alaôr Caffé. Regiões metropolitanas, aglomerações urbanas e microrregiões: novas dimensões constitucionais da organização do Estado Brasileiro. *Revista Procuradoria-Geral do Estado de São Paulo. Centro de Estudos*. Edição especial em comemoração aos 10 anos de Constituição Federal. XXIV Congresso Nacional de Procuradores do Estado, set./1998. p. 01.

[72] LIBÓRIO, Daniela Campos. Competências urbanísticas. In: DALLARI, Adilson Abreu; FERRAZ, Sergio (org.). *Estatuto da cidade, comentários à lei federal nº 10.257/2001*. São Paulo: Malheiros, 2014, p. 62-63.

Será instituída por lei complementar, que será compulsória para os municípios, não assumindo caráter de entidade política federada, mas poderá se apresentar como pessoa jurídica de direito público ou órgão. No que diz respeito à sua extinção, embora a Constituição Federal não tenha definido forma extintiva expressa, por força do paralelismo das formas é de se concluir que se para a criação da Região Metropolitana foi imposto rigor legislativo, sua extinção não poderá ser diferente. Por consequência, somente lei que observe o idêntico procedimento e quórum poderá extingui-la.

Claro que, em caso de extinção, a lei complementar com essa finalidade deve preservar os atos jurídicos perfeitos, eventuais direitos adquiridos e, principalmente, estabeleça critérios visando à continuidade do serviço público.

2.3 Região Metropolitana como divisão administrativa

A instituição da região metropolitana é competência do Estado, que o fará diante de critérios materiais objetivos, incluindo nela os municípios que integrem o espaço físico conurbado, motivado em estudos técnicos, não se admitindo, portanto, que o vínculo obrigacional e compulsório seja executado de modo aleatório e arbitrário.

Assim, para a maioria da doutrina o legislador estadual possui a competência discricionária para a criação das figuras regionais. Ainda que patente o caráter discricionário da decisão, sua competência legislativa está atrelada ao definido nas Constituições Estatuais, como, a exemplo, temos o Estado[73] de São Paulo, em que a Constituição[74] local

---

[73] Assim acontece também com a Constituição do Estado de Minas Gerais.

[74] Artigo 153 - O território estadual poderá ser dividido, total ou parcialmente, em unidades regionais constituídas por agrupamentos de Municípios limítrofes, mediante lei complementar, para integrar a organização, o planejamento e a execução de funções públicas de interesse comum, atendidas as respectivas peculiaridades.
§1º - Considera-se região metropolitana o agrupamento de Municípios limítrofes que assuma destacada expressão nacional, em razão de elevada densidade demográfica, significativa conurbação e de funções urbanas e regionais com alto grau de diversidade, especialização e integração socioeconômica, exigindo planejamento integrado e ação conjunta permanente dos entes públicos nela atuantes.
§2º - Considera-se aglomeração urbana o agrupamento de Municípios limítrofes que apresente relação de integração funcional de natureza econômico-social e urbanização contínua entre dois ou mais Municípios ou manifesta tendência nesse sentido, que exija planejamento integrado e recomende ação coordenada dos entes públicos nela atuantes.
§3º - Considera-se microrregião o agrupamento de Municípios limítrofes que apresente, entre si, relações de interação funcional de natureza físico-territorial, econômico-social e administrativa, exigindo planejamento integrado com vistas a criar condições adequadas para o desenvolvimento e integração regional.

CAPÍTULO II
REGIÃO METROPOLITANA – HISTÓRICO DA POSITIVAÇÃO NO SISTEMA JURÍDICO | 53

apresenta previsão de critérios que dependem de estudos técnicos. A respeito do assunto, concordamos com o entendimento de Mariana Mêncio:

> O fato das leis atrelarem a criação de Regiões Metropolitanas, aglomerações urbanas e microrregiões aos critérios técnicos, não significa que estamos diante da discricionariedade técnica. Apesar de parte da doutrina entender tratar-se de atuação discricionária, baseada em apreciação técnica, adotamos o posicionamento de Maria Sylvia Zanella Di Pietro. A apreciação técnica não caracteriza margem de escolha do administrador, mas o exercício de competência vinculada, pois restringe a manifestação de vontade do legislador aos parâmetros técnicos da lei, comprovados em estudos e pareceres.[75]

A realidade metropolitana é um fato que acontece no mundo do ser e acarreta consequências jurídicas quando a situação real for subsumida à hipótese jurídica do dever ser. Em outras palavras, quando do instituída a lei, o município, ou conjunto de municípios limítrofes, terão constituído e caracterizado o fato jurídico com a participação compulsória de seus integrantes.[76]

Essa compulsoriedade garante que os municípios tenham participação em todas as fases das decisões regionais. Note-se que a definição dessa participação é sobranceiramente relevante, de modo a se estabelecer a governança metropolitana, ponto nodal desta tese que, em momento oportuno, será tratado.

Por conseguinte, o fato jurídico da instituição da área regionalizada se perfaz com a edição da lei complementar de competência do Estado e, decorrente disso, necessário o estabelecimento da forma de gestão da realidade metropolitana. Portanto, o conceito de Região metropolitana não se confunde com a gestão.

Como já apontado, a região metropolitana é divisão administrativa, não pessoa política autônoma e muito menos ente federativo. Logo, não há descentralização política que pressupõe autonomia, nos termos do artigo 18 da Constituição Federal, que estabelece: a organização político-administrativa da República Federativa do Brasil compreende a União, os Estados, o Distrito Federal e os Municípios, todos autônomos, nos termos desta Constituição. E autonomia é capacidade de autogoverno.

---

[75] MÊNCIO, Mariana. O regime jurídico do plano diretor das regiões metropolitanas. Tese (Doutorado) - Pontifícia Universidade Católica de São Paulo, São Paulo, 2015. p. 233.

[76] Vínculo compulsório está sedimentado em nossa jurisprudência, conforme duas decisões do STF: Adin 796-3 do Espírito Santo e Adin 1841-9 do Rio de Janeiro.

A divisão administrativa em que está inserta a região metropolitana nos remete ao ambiente da descentralização administrativa.

2.4 Descentralização

O Estado Moderno surge marcado pela centralização, sendo o responsável por reunir em um mesmo centro a organização do Poder. Paulo Bonavides averba:

> O Estado centralizador cede e decai historicamente quando prepara as modalidades descentralizadoras e até mesmo federativas; quando as concepções mais democráticas e menos autoritárias do poder, fundadas (não todas, porquanto Hobbes constitui aqui exceção das mais conhecidas) abalam todo o eixo do autoritarismo estatal, contrapõem a supremacia individual à hegemonia do ordenamento político, fazem o Estado meio e não fim, rebaixam-lhe a valorização social, democratizam a concepção de poder, nas suas origens, no seu exercício e nos seus titulares, separam o estado da pessoa do soberano. Graças a essa transpersonalização do princípio político, ou constitucional, segundo linguagem cara ao liberalismo – acaba o estado por objetivar-se socialmente como produto do consenso das vontades individuais.[77]

A descentralização[78] de maneira singela e objetiva é o ato de separar do centro e significa, em linhas gerais, a transferência de competências do governo central para os governos locais.

A descentralização se opera em dois campos: como técnica de organização do poder político (Descentralização Política) e como instrumento de estruturação administrativa (Descentralização Administrativa).

A descentralização política se concretiza quando há o exercício de competência legislativa própria de maneira originária e, portanto, encontra-se intimamente ligada com a ideia de autonomia, nos termos

---

[77] BONAVIDES, Paulo. *Ciência Política*. 23. ed. São Paulo: Malheiros 2016. p. 161.

[78] Sobre o tema, Maria Coeli Simões Pires averba: "A descentralização, tradicionalmente tomada, de um lado, como técnica organizativa do poder político e, de outro, como mecanismo de estruturação administrativa do Estado mediante a subjetivação de centros decisórios autônomos para instrumentalização de suas ações, modernamente, há de ser compreendida em suas novas conotações, à vista do princípio da subsidiariedade aplicado às múltiplas relações do Estado com a sociedade e com o mercado e àquelas estabelecidas pelos entes políticos entre si. Nesse sentido, apresenta-se como modelo de relação do Estado com os núcleos de poder coletivo, como método democrático de concepção, execução e controle de políticas públicas e como mecanismo do federalismo cooperativo". Vide Descentralização e subsidiariedade. *Revista do Tribunal de Contas do Estado de Minas Gerais*, v. 36, n.3, jul./set. 2000. p. 35-72.

do sobrefalado art. 18 de nossa Lei Fundamental. Cumpre dizer, ainda, que essa autonomia está centrada na capacidade decisória de autoadministração, auto-organização, mediante legislação e governo próprio. Assim a descentralização é modelo relacional de poder entre o estado e os entes federados, e entre a sociedade e o mercado. Esse modelo relacional surgiu da necessária imposição de aproximação do governo central com as regiões e com a sociedade, visando a definição de políticas públicas e resultando em cooperação, que vem delineada pelo princípio da subsidiariedade, pelo qual todos os atores estão envolvidos e, como resultado, será possível efetivar de fato controle social da população sobre a atuação do poder público.

Nesse sentido, não podemos deixar de concordar com Tereza Lobo quando sintetiza a descentralização da seguinte maneira

> Através da descentralização pode se aproximar a sociedade civil do Estado, buscando diminuir a distância que, historicamente os separa [...] a descentralização deve visar ao aprimoramento das relações intergovernamentais, capacitar melhor os governos nacionais para a função dos agentes interventores em sua realidade e possibilitar o controle social da população organizada sobre a ação do poder público.[79]

Note-se que a descentralização administrativa se opera de modo diverso da descentralização política, na medida em que sua concretização depende do poder central que, por meio de leis, atribui competências a outros entes.

Na doutrina não há uniformidade na classificação da descentralização, parte dela apresenta a *classificação bipartite*, descentralização territorial ou geográfica e descentralização por serviço, funcional ou técnica. Outro grupo apresenta a *classificação tripartite*, em que acrescenta àquelas a descentralização por colaboração.

Celso Antônio Bandeira de Mello observa em seu magistério:

> Assim, diz-se que a atividade administrativa é descentralizada quando exercida, em uma das formas mencionadas, por pessoa ou pessoas distintas do Estado. Diz-se que a atividade administrativa é centralizada quando exercida pelo próprio Estado, ou seja, pelo conjunto orgânico que lhe compões a intimidade.[80]

---

[79] LOBO, Tereza. Descentralização: conceitos, princípios, práticas governamentais. *Caderno de Pesquisa. Fundação Carlos Chagas*. São Paulo, Autores Associados, n. 74, 1990. p. 8.

[80] BANDEIRA DE MELLO, Celso Antônio. *Curso de Direito Administrativo*. 27. ed. São Paulo: Malheiros, 2015. p. 149.

Lúcia Valle Figueiredo ensina:

Há descentralização administrativa quando, por lei, determinadas competências são transferidas a outras pessoas jurídicas, destacadas do centro, que podem ser estruturadas à maneira do Direito Público (autarquias e fundações públicas) ou estruturadas sob a forma do direito privado (empresa pública, sociedade de economia).[81]

Por derradeiro, Maria Sylvia Zanella Di Pietro observa:

Tradicionalmente, apontam-se duas modalidades de descentralização administrativa; (a) territorial ou geográfica; e (b) por serviço, funcional ou técnica. Preferimos acompanhar os autores que acrescentam, como modalidade autônoma, a descentralização por colaboração, que apresenta características próprias, que justifica, sua inclusão em categoria diversa de descentralização.

Os conceitos não são uniformes e adotam critérios geográficos, funcionais ou em razão da colaboração. De modo objetivo e claro a atividade administrativa será centralizada quando exercida pela administração direta e descentralizada quando exercida por pessoas jurídicas criadas para esse fim ou para particulares.

Desta feita, a administração direta ou centralizada é constituída por órgãos sem personalidade jurídica. São exemplos na esfera federal Secretaria da Receita Federal, Procuradoria-Geral da Fazenda Nacional, entre outros. Já a denominada administração indireta é composta por pessoa jurídica de direito público – as autarquias – e pessoa jurídica e direito privado – sociedades de economia mista e empresas públicas. Assim disciplina o Decreto-Lei nº 200/1967:

Art. 4º A Administração Federal compreende:

I - A Administração Direta, que se constitui dos serviços integrados na estrutura administrativa da Presidência da República e dos Ministérios.

II - A Administração Indireta, que compreende as seguintes categorias de entidades, dotadas de personalidade jurídica própria:

a) Autarquias;

b) Empresas Públicas;

c) Sociedades de Economia Mista.

d) Fundações públicas.

Parágrafo único. As entidades compreendidas na Administração Indireta vinculam-se ao Ministério em cuja área de competência estiver enquadrada sua principal atividade.

---

[81] FIGUEIREDO, Lúcia Valle. *Curso de direito administrativo*. 9. ed. São Paulo: Malheiros, 2008. p. 85.

A reforma trazida pelo referido decreto sofreu várias críticas, posto que excluiu as empresas que prestam serviços públicos por colaboração – as concessionárias e permissionárias – e incluiu as exploradoras de atividade econômica.

Em que pese as críticas, referido decreto deve ser considerado o marco na tentativa de superar a rigidez na administração e espraiar o poder de decisão, que se encontrava confinado fortemente na administração central.

No ambiente da descentralização administrativa temos a desconcentração, que, de acordo com Celso Antônio Bandeira de Mello, é distribuição interna de plexos de competências decisórias. A aludida distribuição de competência não prejudica a unidade monolítica do Estado, pois todos os órgãos e agentes permanecem ligados por um sólido vínculo denominado hierarquia.[82]

A desconcentração se opera internamente com a reorganização das atividades e distribuição interna do plexo de competências, na qual se estabelece uma relação de coordenação e subordinação entre órgãos, com finalidade de racionalizar o desempenho da atividade e sem a criação de pessoa jurídica. Compreender esses conceitos é fundamental para que a organização da região metropolitana se materialize de modo adequado e preciso.

2.5 Organização da região metropolitana, aglomeração urbana e microrregião

Com já visto, no sistema normativo pátrio, temos a importância concedida ao regionalismo. A instituição da região metropolitana, aglomerações urbanas e microrregiões possuem aspectos multifacetários, tais como o econômico, social e urbano. Além disso, verifica-se que a dimensão territorial e situações urbanas contíguas, que não estão vinculadas à continuidade territorial, são elementos que identificam localidades que cresceram desordenadamente.

Assim, essas localidades reclamam planejamento, organização e execução dos serviços comuns, na medida em que as decisões individuais de cada ator desse processo (os municípios) refletem inevitavelmente no todo.

A Constituição Federal trata das regiões metropolitanas, aglomerações urbanas e microrregiões, inexistindo qualquer tipo de hierarquia

---

[82] BANDEIRA DE MELLO, Celso Antônio. *Curso de Direito Administrativo*. p. 150.

ou qualquer vínculo de subordinação entre as figuras jurídicas em questão. De qualquer sorte, a Lei Federal nº 13.089/2015 (Estatuto da Metrópole) estabelece normas gerais para regiões metropolitanas e aglomerações urbanas e, no que couber, para as microrregiões.

Disso deflui que há de se ter o mesmo tratamento para as regiões metropolitanas e aglomerações urbanas, ficando as aglomerações por conta do exame do caso concreto, conforme se depreende da legislação sobredita.

No que diz respeito à região metropolitana, na ADIN 1842 ela foi definida como autarquia territorial, com base nos ensinamentos de Alaôr Caffé Filho:

> Ora, se a região metropolitana é um conceito jurídico que institucionaliza um fenômeno empírico, a saber, a existência de núcleos urbanos contíguos, com interesses públicos comuns, correspondendo, na abalizada lição de Alaôr Caffé, a uma autarquia territorial, intergovernamental e plurifuncional, sem personalidade política.[83]

Assim, para tratar do tema organização das figuras regionais definidas no texto constitucional, preliminarmente, temos que analisar as seguintes questões: o fato de inexistir hierarquia torna as figuras regionais idênticas e o tratamento jurídico será o mesmo entre elas? Para solucionarmos a equação proposta é necessário, de maneira rápida e objetiva, analisarmos os conceitos.

Como já dito nesse trabalho, a questão metropolitana envolve várias áreas do saber e, portanto, sob vários aspectos pode ser analisada. Também já afirmamos que a instituição/positivação da região metropolitana, da aglomeração urbana e da microrregião encontra-se no campo da discricionariedade legislativa e esta é vinculada a estudos técnicos para viabilizar sua criação. Portanto, a realidade metropolitana é um fato que acarretará consequências jurídicas quando transformada em fato jurídico.

A Constituição Federal não estabeleceu conceito para a região metropolitana, aglomeração urbana e microrregião. De sua vez as Constituições estaduais[84] também não são uniformes. Quanto ao Estatuto da Metrópole, tem-se conceito para metrópole[85] e aglomera-

---

[83] Voto-vista do Ministro Ricardo Lewandowski na ADI 1842.

[84] A Constituição do Estado de São Paulo apresenta regramento no artigo 153; o Estado do Espírito Santo no artigo 216 de sua Constituição; Minas Gerais nos artigos 48 a 50 da sua Constituição; Ceará no artigo 43; os Estados do Rio Grande do Sul, Paraíba e Pará transcreveram o texto da Constituição Federal.

[85] Art. 2º, inciso V – metrópole: espaço urbano com continuidade territorial que, em razão de sua população e relevância política e socioeconômica, tem influência nacional ou sobre

ção urbana,[86] sendo silente com relação às microrregiões. Fato é que a Constituição Federal estabeleceu que a definição da figura regional será estipulada por lei complementar, e esta será resultado de estudos técnicos.

Com relação aos conceitos, José Afonso da Silva preleciona:

> *Regiões metropolitanas* constituem-se de um conjunto de municípios cujas sedes se unem com certa continuidade urbana em torno de um Município; *Microrregiões* formam-se de grupos de Municípios limítrofes com certa homogeneidade e problemas administrativos comuns, cujas sedes não sejam unidas por continuidade urbana; *Aglomerações urbanas* carecem de conceituação, mas de logo se percebe que se trata de áreas urbanas sem um polo de atração urbana, quer tais áreas sejam das cidades-sedes dos Municípios, como na baixada santista, ou não.[87]

Neste trabalho utilizamos a trilogia regional baseada no modelo "Hierarquização da Rede Urbana Brasileira", especificamente o trabalho[88] levado a efeito pela empresa Paulista de Planejamento Metropolitano S/A (Emplasa), que forneceu subsídios para formular, implementar o planejamento regional, criar e institucionalizar as três regiões no Estado de São Paulo.

Desse estudo verificamos graus de liderança, em função de alguns elementos como a presença de equipamentos de comércio e serviço de enquadramento regional, fluxo de cargas, intenso deslocamento entre as populações lindeiras ou limítrofes nas regiões metropolitanas e aglomerações, densidade demográfica. Nas microrregiões não há liderança, mas forte integração de atividades econômicas e prestação de serviços comuns aos municípios

Assim, as figuras regionais serão caracterizadas por conta das relações estabelecidas entre os municípios e tais relações surgem diante do desenvolvimento da região.

---

uma região que configure, no mínimo, a área de influência de uma capital regional, conforme os critérios adotados pela Fundação Instituto Brasileiro de Geografia e Estatística – IBGE.

[86] Art. 2º, inciso I – aglomeração urbana: unidade territorial urbana constituída pelo agrupamento de 2 (dois) ou mais Municípios limítrofes, caracterizada por complementaridade funcional e integração das dinâmicas geográficas, ambientais, políticas e socioeconômicas;

[87] SILVA. José Afonso da. *op. cit.*, p. 156.

[88] GOVERNO DO ESTADO DE SÃO PAULO. *Rede urbana e regionalização do Estado de São Paulo*. Emplasa, Seade, Secretaria do Planejamento e Desenvolvimento Regional e Secretaria de Desenvolvimento Metropolitano do Estado de São, 2011. Disponível em: <http://www.emplasa.sp.gov.br/Cms_Data/Sites/Emplasa/Files/Documentos/Projetos/RED_REG_Livro_miolo_em_baixa.pdf>. Acesso em: 24 jul. 2016.

Na região metropolitana e na aglomeração urbana, as áreas urbanizadas estão interligadas e o fenômeno da conurbação estará sempre presente, o grau de interdependência entre cidades é elevado e em razão da densidade demográfica, da oferta de serviço e equipamentos urbanos há hierarquia relativa à capacidade de atração exercida por determinada cidade em relação às outras. Já nas microrregiões, os municípios ainda contam com suas áreas rural e urbana bem definidas, ou seja, não há o tangenciamento de seu território e, portanto, não há conurbação, mas os municípios possuem relações físico-territoriais, econômicas sociais. Independentemente das características específicas, nas três figuras há necessidade de planejamento integrado visando à criação de condições para desenvolvimento.

De relevo considerar que a hierarquia existente nas redes diz respeito a sua condição fática, ou seja, grau de desenvolvimento de local em relação a outro e que se traduz na capacidade de atração de crescimento e expansão.

Do ponto de vista legal, a região metropolitana, as aglomerações urbanas e as microrregiões não possuem hierarquia. Serão criadas por lei complementar, cuja competência pertence ao Estado e serão decorrência dos estudos técnicos, possuindo regimes jurídicos semelhantes.

Assim, a hierarquia de redes está relacionada com as condições fáticas e não jurídicas, na medida em que não existe subordinação de poderes entre elas.

Ainda antes de tratar da questão relativa à organização da região metropolitana, temos que o Estatuto da Metrópole determina que a criação da região metropolitana estabeleça a conformação da estrutura de governança interfederativa, nos termos do inciso III, artigo 5º, da Lei Federal nº 13.089/2015 - Estatuto da Metrópole. Não detalha ou especifica como essa governança se estabelecerá, somente determina sua obrigação – eis um ponto de suma importância para o sucesso da gestão pública dos serviços de interesse comum.

A existência de funções públicas de interesse comum é elemento determinante da instituição da região metropolitana e pressupõe a integração e determina que seu exercício englobe planejamento e programação. O interesse comum ou regional pertence a mais de uma unidade da federação, portanto, não é privativo do município ou do estado. Nesse sentido, concordamos com Alaôr Caffé:

> Estas funções compreendem também, por sua natureza, o interesse local dos municípios metropolitanos, o que justifica a participação destes nas decisões sobre sua organização planejamento e execução. Por isso essa questão não pode ser solucionada adequadamente dentro do quadro institucional tradicional. O interesse metropolitano não é especificamente

(privativamente) local, estadual ou nacional, mas refere-se a todos eles ao mesmo tempo (reclamando legislação condominial)[89]

Ademais disso, o denominado Estatuto da Metrópole, em seu artigo 10, determina que as regiões metropolitanas e aglomerações urbanas deverão contar com plano de desenvolvimento integrado, cujo prazo de elaboração[90] e aprovação é de 3 anos a contar da edição da lei (12.01.2015).

As responsabilidades de nível metropolitano impõem a existência de pessoa jurídica com característica intergovernamental que incluem atividades operacionais de normatização, planejamento, programação, coordenação, controle, fiscalização e execução.[91]

Com relação à organização da região metropolitana, para implementar seu gerenciamento, impõe-se criação de uma autarquia[92] territorial (organização intergovernamental administrativa pública),[93] cuja finalidade e objetivo será a articulação e gerenciamento do planejamento das funções públicas de interesse comum.

Claro está que as pessoas jurídicas e os órgãos setoriais existentes permanecerão com parte de suas funções, mas a exercerão de acordo com a política definida pela autarquia territorial e sob sua fiscalização.

---

[89] ALVES, Alaôr Caffé. Regiões Metropolitanas, Aglomerações Urbanas e Microrregiões: Novas Dimensões constitucionais da organização do Estado Brasileiro. *Revista da Procuradoria-Geral do Estado de São Paulo*, São Paulo, set./1998, *passim*.

[90] Art. 21. Incorre em improbidade administrativa, nos termos da Lei nº 8.429, de 2 de junho de 1992:
I – o governador ou agente público que atue na estrutura de governança interfederativa que deixar de tomar as providências necessárias para:
a) garantir o cumprimento do disposto no *caput* do art. 10 desta Lei, no prazo de 3 (três) anos da instituição da região metropolitana ou da aglomeração urbana mediante lei complementar estadual;
b) elaborar e aprovar, no prazo de 3 (três) anos, o plano de desenvolvimento urbano integrado das regiões metropolitanas ou das aglomerações urbanas instituídas até a data de entrada em vigor desta Lei mediante lei complementar estadual;
II – o prefeito que deixar de tomar as providências necessárias para garantir o cumprimento do disposto no §3º do art. 10 desta Lei, no prazo de 3 (três) anos da aprovação do plano de desenvolvimento integrado mediante lei estadual.

[91] ALVES, Alaôr Caffé. *op. cit., passim*.

[92] A proposta da criação da figura autárquica e não em um órgão da administração direta (secretaria) reside no fato do grau de autonomia que a mesma possui, de acordo com o Decreto-Lei nº 200/67.

[93] *Ibidem*. Isto significa que a Constituição Federal preconiza a possibilidade de se instituir uma nova forma de administração regional, no âmbito dos Estados, como um corpo jurídico-administrativo territorial (autarquia territorial, intergovernamental e plurifuncional), sem personalidade política – visto que não poderia ter um corpo legislativo próprio – para o qual se conferem competências administrativas intergovernamentais, destinadas a integrarem a organização, o planejamento e a execução de funções públicas de interesse comum (artigo 25, §3º, da CF).

Essa pessoa jurídica, integrante da administração indireta, criada por lei, coordenará o denominado interesse comum, portanto, para ser efetiva e legítima deverá ser composta[94] por integrantes dos órgãos setoriais sensíveis aos serviços, representantes dos municípios envolvidos, de forma paritária, e da sociedade civil.

2.6 Planejamento e gestão da região metropolitana

Planejar é um processo técnico instrumentado para transformar a realidade existente no sentido de alcançar objetivos previamente estabelecidos.[95] Fato incontroverso é que a atividade de planejamento está presente tanto na vida privada como na pública, em razão da existência de problemas complexos aliados a escassez de recursos que exigem método para se alcançar metas desejadas.

---

[94] Como exemplo temos a Constituição do Estado de São Paulo que disciplina a matéria conforme segue:
Artigo 153 - O território estadual poderá ser dividido, total ou parcialmente, em unidades regionais constituídas por agrupamentos de Municípios limítrofes, mediante lei complementar, para integrar a organização, o planejamento e a execução de funções públicas de interesse comum, atendidas as respectivas peculiaridades.
§1º - Considera-se região metropolitana o agrupamento de Municípios limítrofes que assuma destacada expressão nacional, em razão de elevada densidade demográfica, significativa conurbação e de funções urbanas e regionais com alto grau de diversidade, especialização e integração socioeconômica, exigindo planejamento integrado e ação conjunta permanente dos entes públicos nela atuantes.
§2º - Considera-se aglomeração urbana o agrupamento de Municípios limítrofes que apresente relação de integração funcional de natureza econômico-social e urbanização contínua entre dois ou mais Municípios ou manifesta tendência nesse sentido, que exija planejamento integrado e recomende ação coordenada dos entes públicos nela atuantes.
§3º - Considera-se microrregião o agrupamento de Municípios limítrofes que apresente, entre si, relações de interação funcional de natureza físico-territorial, econômico-social e administrativa, exigindo planejamento integrado com vistas a criar condições adequadas para o desenvolvimento e integração regional.
Artigo 154 - Visando a promover o planejamento regional, a organização e execução das funções públicas de interesse comum, o Estado criará, mediante lei complementar, para cada unidade regional, um conselho de caráter normativo e deliberativo, bem como disporá sobre a organização, a articulação, a coordenação e, conforme o caso, a fusão de entidades ou órgãos públicos atuantes na região, assegurada, nestes e naquele, a participação paritária do conjunto dos Municípios, com relação ao Estado.
§1º - Em regiões metropolitanas, o conselho a que alude o "caput" deste artigo integrará entidade pública de caráter territorial, vinculando-se a ele os respectivos órgãos de direção e execução, bem como as entidades regionais e setoriais executoras das funções públicas de interesse comum, no que respeita ao planejamento e às medidas para sua implementação.
§2º - É assegurada, nos termos da lei complementar, a participação da população no processo de planejamento e tomada de decisões, bem como na fiscalização da realização de serviços ou funções públicas em nível regional.
§3º - A participação dos municípios nos conselhos deliberativos e normativos regionais, previstos no "caput" deste artigo, será disciplinada em lei complementar.
[95] SILVA, José Afonso da. *Direito urbanístico brasileiro*, p. 85.

As Constituições do México (1917) e a alemã de Weimar (1919) definiram um modelo de Estado cuja atuação se daria no domínio econômico e social. Com efeito, foram essas constituições as responsáveis por indicar a utilização do planejamento para a promoção da justiça social.[96] Fernando Alves Correia averba:

> Mas, no estado de direito social, em que a administração Pública exerce funções de grande alcance, designadamente de apoio ao desenvolvimento económico e social, de promoção da justiça social e da prestação social, o plano tornou-se num instrumento essencial da acção [sic] administrativa. [...] É um instrumento utilizado pela administração para programar racionalmente a sua intervenção nos mecanismos sociais.[97]

Assim é que o planejamento[98] se apresenta como vigoroso instrumento de restruturação do Estado, otimizando a atuação eficiente da Administração, buscando a satisfação do interesse público.

José Roberto Dromi apresenta a dimensão da planificação para a eficiência da Administração Pública:

> Administração é a capacidade para decidir a ação necessária, e realizá-la na oportunidade e lugar e com as modalidades que melhor convenham ao objetivo proposto; *planificação* é a etapa preliminar e preparatória dessa decisão, porém compreendida globalmente e em todos os seus alcances a relação dos meios e dos fins da organização no tempo e o espaço correspondentes à gestão da autoridade respectiva.[99] (grifos nossos)

Logo, planejamento é instrumental utilizado como meio de solucionar e equacionar questões, alcançar objetos e na administração pública concretizar a persecução do interesse público de modo eficiente.

---

[96] Há uma aversão e descaso com a técnica de planejamento, sistematicamente juristas vinculam a atividade de planejamento a economia e há um divórcio do tema com o direito público, em especial o Direito Administrativo. Talvez porque o surgimento efetivo dessa técnica foi terreno fértil para o surgimento de grandes potências bélicas e hipertrofia do estado. A respeito do assunto: MOREIRA NETO, Diogo de Figueiredo. *Planejamento estatal, curso de direito administrativo.* 15. ed. Rio de Janeiro: Editora Forense, 2009. p. 586.

[97] CORREIA. Fernando Alves. Manual de direito do urbanismo, vol. I. 4. ed. Coimbra: Almedina, 2008. p. 348.

[98] O Decreto-lei nº 200/1967 estabelece que o parâmetro para a ação governamental é o planejamento. O artigo 7º assim dispõe: Art. 7º A ação governamental obedecerá a planejamento que vise a promover o desenvolvimento econômico-social do País e a segurança nacional, norteando-se segundo planos e programas elaborados, na forma do Título III, e compreenderá a elaboração e atualização dos seguintes instrumentos básicos: a) plano geral de governo; b) programas gerais, setoriais e regionais, de duração plurianual; c) orçamento-programa anual; d) programação financeira de desembolso.

[99] DROMI, José Roberto. *Derecho administrativo.* 9. ed. Buenos Aires: Ciudad Argentina, 2001. p. 883.

Considerando que as realidades não são estáticas, é certo dizer que no ato de planejar ecoam constantes mutações. Portanto, o planejamento é uma atividade dinâmica, pelo que, diante de sua natural movimentação, buscar um conceito não é tarefa simples. A doutrina pátria e alienígena não atingiram um consenso. Eros Grau ensina:

> A partir, no entanto, da adoção das técnicas de planejamento, que envolvem previsões de desenvolvimento futuros como base para a tomada de decisões, começou a administração estatal a ser desenvolvida do modo prospectivo...A natureza prospectiva do planejamento, assim, quando as definições através dele consumadas assumem forma normativa, implica uma ruptura da técnica ortodoxa da elaboração do direito, tradicionalmente retrospectiva. A afirmação de que a partir das experiências vividas é que são elaboradas normas jurídicas é então negada pela realidade do planejamento e o método retrospectivo e substituído pelo prospectivo.[100]

Alaôr Caffé Alves preleciona:

> Essas atividades, ao formar um conjunto consistente e pautado segundo normas diretivas e técnicas suficientes para lhe garantir um mínimo de unidade, coerência e eficácia, constituem um processo de planejamento. Convém notar, entretanto, que este conceito exprime idealmente o processo de planejamento, não o descreve tal como se dá na realidade. É uma expressão lógica e não real daquele processo.[101]

José Afonso da Silva sintetiza:

> O planejamento, em geral, é um processo técnico instrumentado para transformar a realidade existente no sentido dos objetivos previamente estabelecidos.[102]

Sobre o assunto já me posicionei da seguinte maneira:

> Examinando as lições pré-citadas, temos para nós que planejamento é um processo técnico que tem por finalidade transformar uma situação existente. E como tal, faz referência ao tempo e é composto pelo agir e fazer humanos, para a obtenção de uma ordem, objetivando a consecução de fins previamente estabelecidos e, consequentemente, deve ser flexível, na medida em que sua composição (agir e fazer humanos)

---

[100] GRAU, Eros Roberto. Planejamento econômico e regra jurídica. São Paulo: *Revista dos Tribunais*, 1977. p. 74.

[101] Alves, Alaôr Caffé. Planejamento Metropolitano e Autonomia Municipal no Direito Brasileiro. Dissertação (Mestrado em Direito) - Faculdade de Direito, Universidade de São Paulo, 1979. p.47.

[102] SILVA, José Afonso da, *op. cit.*, p. 87.

não pode ser estática. Em última análise, é um método, onde se processa o modo de executar para o alcance de certos objetivos.

Com efeito, tudo isso leva-nos a uma sequência concatenada de atividades, a um conjunto de elementos materiais ou ideais relacionados entre si para uma finalidade comum, surgindo, portanto, a ideia de sistema.

Ora, se, em apertada síntese, essa concepção sistêmica do *planejamento é uma sequência concatenada de atividades, parece-nos certo afirmar que sua elaboração atenda aos seguintes passos: o diagnóstico, as diretrizes de atuação, o estabelecimento de prioridades e a instrumentalização.*

Sem prejuízo dos demais elementos que integram o planejamento, vamos focar nossa atenção à questão da instrumentalização deste. Assim, *do ponto de vista legal o meio pelo qual o processo de planejamento se instrumentaliza cinge-se na elaboração do plano e este ingressará no mundo jurídico na forma de Lei.*

Na Constituição Federal de 1988 o planejamento foi, às largas, enfatizado, contando com sólidos fundamentos. Vejamos alguns pontos: o art. 21, IX, define a competência da União para *elaborar e executar planos nacionais, regionais de ordenação do território, de desenvolvimento econômico e social; o inciso XX do mesmo dispositivo – instituir diretrizes para o desenvolvimento urbano [...]; art. 25, §3º, estabelece que os Estados poderão instituir regiões metropolitanas, aglomerações urbanas e microrregiões...para integrar a organização, o planejamento e a execução de funções públicas de interesse comum; o art.* 30 estatui que: compete ao município *promover adequado ordenamento territorial, mediante planejamento e controle do uso do solo; o art.* 174 estatui instrumentos de atuação no domínio econômico, o §1º determina que a *lei estabelecerá as diretrizes e bases do planejamento, do desenvolvimento nacional equilibrado, o qual incorporará e compatibilizará os planos nacionais e regionais de desenvolvimento;* o §1º, do artigo 182 determina que o instrumento básico para a política de desenvolvimento e expansão urbana é o plano diretor , para cidades com mais de 20 mil habitantes.

Há que se considerar que os dispositivos constitucionais trazidos à baila espelham, em razão de sua eficácia, que o planejamento não depende da vontade dos administradores públicos, tratando-se, destarte, de uma imposição jurídica.[103]
(Grifos nossos)

Assim, o planejamento é uma atividade contínua, cuja característica é seu dinamismo materializando-se por meio de decisões que serão registradas no plano. Assim, planejamento ingressa no mundo jurídico por meio da lei. Pedimos, mais uma vez, vênia para transcrever manifestação sobre o assunto.

---

[103] PIRES, Lilian Regina Gabriel. *Função social da propriedade urbana e o plano diretor.* 1. ed. Belo Horizonte: Fórum, 2005. p. 102-103.

Considerando que o planejamento possui um aspecto relevante no tema plano, na medida em que são dotados de força vinculante, a doutrina classifica-os com indicativos, incitativos ou imperativos. Lúcia Valle Figueiredo ensina:

> Planos indicativos são aqueles em que o governo apenas assinala em alguma direção, sem qualquer compromisso, sem pretender o engajamento da iniciativa privada.
>
> De outra parte, *planos incitativos* são aqueles em que o Governo não somente sinaliza, mas pretendo também o engajamento da iniciativa privada para lograr seus fins. Nesses planos há não apenas a indicação como também, e, muitas vezes, promessas com várias medidas, quer por meio de incentivos, ou por qualquer outra forma para que a iniciativa privada colabore. Nessas hipóteses, contam os administrados que aos planos aderem com a confiança, à boa fé e a lealdade da administração. Portanto, se modificações houver, certamente, em casos concretos existirão prejuízos. Já os planos imperativos falam por si próprios, ou seja, a própria palavra define-os. Imperativo é o que deve ser observado.[104]

Os planos indicativos embora não obriguem o particular ao seu cumprimento ou não possuem a pretensão do seu engajamento, não significa que seu regramento não produzirá efeitos jurídicos aos particulares. Deveras o plano indicativo possui determinações que devem ser cumpridas, ou seja, o setor privado não está livre para adotar medidas e meios contrários aos objetivos disciplinados no plano. No que toca à Administração Pública, esta também deve observar os critérios marcados no plano, quando as atividades ali previstas dependerem de licença ou autorização.

Quanto aos incitativos, há a necessidade da adesão voluntária e se esta acontecer a Administração deve cumprir as medidas estabelecidas, sob pena de ferir o princípio da boa-fé. No caso da quebra de confiança e o desrespeito pela Administração gerar prejuízo, o Estado tem o dever de indenizar o particular.

Por fim, aos imperativos possuem como característica marcante a cogência, isto é, os particulares ficam obrigados a uma determinada conduta.

Importante registrar que a instituição de qualquer tipo de plano obriga ao atendimento dos princípios da legalidade e da igualdade. Em outro giro, as normas do plano não podem beneficiar grupos ou

---

[104] FIGUEIREDO, Lúcia Valle. O devido processo legal e a responsabilidade do estado por dano decorrente do planejamento. *Revista de direito administrativo aplicado*, Curitiba, set./1995. p. 647.

interesses particulares, mas devem estar direcionadas e condicionadas a um tratamento igual para todos.

No que diz respeito ao planejamento urbanístico, este não pode estar adstrito aos planos meramente indicativos para o setor privado, pois a normação urbanística preconizada no texto constitucional tem como essência propiciar faculdades e direitos e gerar obrigações aos indivíduos para o cumprimento dos objetivos da política urbana, como o de garantir que a propriedade atenda a sua função social.[105]

Os planos urbanísticos determinam regras a respeito do uso e ocupação do solo na urbe, regulamentando os instrumentos de atuação do Poder Público, possuindo, portanto, a característica de normas impositivas que obrigam o particular. Características dos planos imperativos.

As normas constitucionais a respeito da política urbana determinam o processo de planejamento urbano, com a finalidade de ordenar as funções sociais da cidade e garantir o bem-estar de seus habitantes. Assim, para os planos urbanísticos não cabe a distinção de plano imperativo e/ou indicativo.

Ao cuidar dos planos urbanísticos José Afonso da Silva entende que:

> Todavia, há diferenças que justificam um tratamento especial de sua problemática. Basta dizer que, nele, já não se configura, com nitidez, aquela distinção de plano em imperativo e indicativo. O que, em regra, se verifica **é** que os planos urbanísticos podem ser gerais ou especiais (particularizados ou pormenorizados), e aquelas são menos vinculantes em relação aos particulares, porque são de caráter mais normativo e dependentes de instrumentos ulteriores de concreção, enquanto os outros vinculam mais concretamente a atividades dos particulares, mesmo nos regimes de economia de mercado. É que, aqui, não se trata de intervenção no domínio econômico propriamente dito, mas no domínio mais restrito do direito de propriedade, a respeito do qual a ordem constitucional permite a interferência imperativa do Poder Público por meio da atuação da atividade urbanística. *Em vez de planos imperativos e planos indicativos, fala-se, preferentemente, no campo urbanístico, em planos gerais, ou planos preparadores, e em planos vinculantes, planos especiais, planos preparadores, e em planos vinculantes, planos especiais, planos particularizados, planos de urbanização ou planos de edificação.* Todos são, porém, imperativos no limite de sua normatividade e todos são vinculantes em certo sentido, à vista de seus destinatários mais imediatos.[106] (grifos nossos)

---

[105] SAULE JUNIOR, Nelson. *Novas perspectivas do direito urbanístico brasileiro*. Ordenamento constitucional da política urbana, aplicação e eficácia do plano diretor. Porto Alegre: Sérgio Antonio Fabris Editor, 1997. p. 147.

[106] SILVA, José Afonso da. *Direito urbanístico brasileiro*. p. 89-90.

Temos que as regras gizadas nos planos urbanísticos integram as normas de direito urbanístico, portanto devem ser constituídos com fundamento nos preceitos constitucionais norteadores da política urbana.[107]

Por tudo aqui explanado, entendo que o planejamento é atividade cuja finalidade é a satisfação do interesse público, tem caráter obrigacional e vincula[108] o estado, os municípios e seus órgãos integrantes da região metropolitana. Assim, o plano de desenvolvimento urbano integrado, determinado pelo Estatuto da Metrópole, será coordenado pelo Estado, com execução fiscalizada pela pessoa jurídica instituída para gerir os serviços comuns.

Diante disso, necessário estabelecer: i) quais serviços serão definidos como comuns; ii) como essa pessoa jurídica será constituída; iii) como os Conselhos serão compostos; e iv) como a gestão será organizada para que se efetive a governança.

Para enfrentar essas questões, necessário examinar o Estado Federal, em razão da necessária cooperação entre os entes federados determinada pela Constituição Federal, a delimitação das competências urbanísticas e o enfrentamento da questão do interesse local e interesse comum, passando pelo planejamento e, por fim, à governança interfederativa.

---

[107] PIRES, Lilian Regina Gabriel. *Função social da propriedade urbana e o plano diretor*. 1. ed. Belo Horizonte: Fórum, 2005, *passim*.

[108] André Ramos Tavares preleciona: "Nesses termos, o planejamento vincula o estado e seus órgãos. Em última análise, isso significa que o particular pode utilizar o plano como uma declaração oficial e certa sobre os rumos da política econômica do Estado, naquilo que evidentemente dependa da vontade do Estado. Se este dela se devia ou a altera sem implementar ou alcançar os objetivos fixados, e se desta nova postura ao particular são carreados prejuízos, é impositiva a responsabilidade do Estado pelos eventuais danos assim produzidos". Vide *Direito constitucional econômico*. São Paulo: Método, 2011. p. 311.

PARTE II

SISTEMA FEDERATIVO E COMPETÊNCIAS URBANÍSTICAS

CAPÍTULO III

ESTADO FEDERAL BRASILEIRO

Apresentada a realidade metropolitana, é indiscutível a urgência em se estabelecer modelos de governança interfederativa com a finalidade de planejar, gerir e executar a as funções públicas de interesse comum. Dessa afirmação temos a consequência lógica e prática que dessas funções teremos atividades a serem desenvolvidas e o resultado sempre será a discussão relativa à titularidade dos serviços públicos que serão prestados em regiões com alta concentração populacional e envoltas pela conurbação.

Assim, considerando a magnitude e alcance dos problemas, indiscutivelmente, a ação coordenada entre os entes da federação é medida que se impõe.

Essa afirmação está fundada em três pontos de atenção. São eles: o fato de que a repartição de competência tem como espinha dorsal as matérias de interesse nacional ou local, a questão é que as matérias de interessa nacional ou localizados podem sofrer alterações diante da modificação do contexto histórico, dos fatos, da conjuntura de dado momento; o fato de que as decisões de cada ente da federação podem ter repercussões em outros; o fato de que problemas que tomam dimensão comum a todos ou há uma parcela do todo, como inflação, insuficiência hídrica, saúde, recessão econômica, meio ambiente, dentre outros, devem ter ação coordenada entre todos.

Com efeito, discutir qualquer aspecto relativo à governança e à implementação das funções públicas de interesse comum relativas à região metropolitana[109] apresenta grandes dificuldades e estas estão fortemente relacionadas com sua posição na Constituição Federal, diante do ambiente federalista assumido e plasmado na repartição de competência ali definida.

Portanto, preliminarmente a qualquer posicionamento e investigação referente ao tema, necessária a análise relativa à composição do sistema federado. Esta deve ser iniciada com a formação, conceito e os elementos que compõem o Estado.

3.1 O Estado

Interessante e curiosa é a dificuldade que existe na conceituação do Estado, posto que envolve os mais diversos aspectos, dado ao seu caráter interdisciplinar, envolvendo a sociologia, ciência política, antropologia e, como não poderia deixar de ser, a própria história das instituições políticas e história das doutrinas políticas.[110]

De qualquer modo, certo é dizer que quando se pensa em Estado automaticamente nos vem a ideia de sociedade.[111] O entendimento

---

[109] O crescimento das grandes cidades acarreta problemas de vultosa grandeza e intensidade. Os serviços públicos prestados individualmente não atendem às necessidades do administrado motivo pelo qual uma gestão associada dos interesses comuns dos municípios envolvidos nas regiões metropolitanas é medida que se impõe. Assim, não há dúvida que a realização de serviços comuns exige planejamento sistematizado e concatenado, e esse mesmo planejamento deve ser realizado a partir da análise do todo relativo à região metropolitana e não como um aglomerado de partes. Certo é que o interesse público tutelado só é possível de ser alcançado se considerado como a somatória das partes.

[110] BOBBIO, Norberto. *Estado Governo Sociedade*: para uma teoria geral da política. Trad. Marco Aurélio Nogueira. Rio de Janeiro: Paz e Terra, 1987. p. 53.

[111] O tema sociedade faz parte de questionamentos e pensamentos de todos os tempos e no mundo contemporâneo o assunto não se esgotou, apenas ganhou novos contornos. As faces salientes do conceito de sociedade pertencem à sociologia e os autores de *On society* partem do pressuposto de que a reflexão sobre a sociedade, ou seja, o processo de sua constituição, reprodução e transformação encontra-se no cerne da sociologia. Para eles, uma clara explicitação do conceito de sociedade continua desafiando a disciplina em sua fase atual. Ressaltam que o complexo processo de globalização econômica, política e cultural que se intensificou a partir da década de 1970 constitui uma das faces salientes das sociedades contemporâneas. Ao longo do livro, eles procuram analisar o impacto que o processo de globalização gerou no interior da teoria social, uma vez que a sua existência tem desafiado interpretações clássicas e contemporâneas voltadas para a compreensão das sociedades modernas.
[...] Como o conceito de sociedade em sociologia tem sido construído historicamente tomando como unidade empírica o Estado-nação e seus contornos territoriais, o campo sociológico se mostra seguro ao examinar diversas instituições nacionais que operam em fronteiras territoriais demarcadas. Contudo, essa postura analítica se traduz em uma atitude vacilante teoricamente diante da existência de fenômenos que transbordam as fronteiras nacionais, tais como corporações transnacionais, crescente fluxo de mobilidade de pessoas e ondas de migrações, deslocamento de capital financeiro que migra velozmente

relativo a origem da sociedade não é pacífico, em razão da existência de duas teorias: sociedade natural e sociedade contratual.

A primeira estabelece o homem como animal social: *o homem é por natureza um animal social, o que é por natureza e não por mero acidente.*[112] A segunda define que regras e normas de convivência são fruto de um ato de escolha materializada em um contrato hipotético celebrado entre os homens.[113]

É claro e verdade trivial de que o homem é um animal social, não obstante é de longa data o esforço em buscar explicações para identificar o motivo pelo qual o homem abandonou a vida individual. A razão disso nos parece de difícil identificação. Entretanto, o abandono da vida individual e o surgimento da vida em grupo fez nascer o desafio de

---

de um país para outro, desenvolvimento de novas tecnologias de comunicação que conectam indivíduos situados em diferentes localidades no planeta. Ao assumir que a sociedade preexiste às diferentes formas de relações sociais, a conduta analítica atrelada aos limites do Estado-nação tem se mostrado incapaz de analisar as diferentes formas de relações sociais existentes na sociedade contemporânea. A questão que os autores procuram levantar e discutir é se esta abordagem permite compreender determinados problemas concretos da sociedade contemporânea, uma vez que num contexto de globalização as relações sociais não se confinam nos limites das sociedades nacionais, mas tendem a estender-se para além de suas fronteiras [...]. *On society* é uma expressiva contribuição para se repensar a teoria social diante dos desafios colocados pelo processo de globalização e suas múltiplas consequências sociais. Longe de descartar a relevância de análises sobre o processo de constituição e desenvolvimento das sociedades modernas, os autores ressaltam como elas continuam fertilizando a imaginação sociológica. Longe de descartar a relevância de pensadores clássicos e contemporâneos da sociologia que procuraram analisar o processo de constituição e desenvolvimento das sociedades modernas, os autores consideram que suas análises continuam fertilizando a imaginação sociológica. No entanto, eles mantêm uma postura crítica em relação às analises sociológicas que têm confinado o conceito de sociedade ao Estado-nação e seus contornos territoriais. É necessária em sua perspectiva uma reavaliação das concepções que integram o acervo da sociologia em face das novas configurações sociais marcadas pela emergência de um espaço transnacional, onde ocorre um intenso fluxo de capital financeiro, uma acentuada mobilidade de pessoas, ondas migratórias, novas tecnologias de informação, constituição de valores cosmopolitas etc. Trata-se de um livro instigante que discorre – de forma competente e embasado numa bibliografia de excelente qualidade acadêmica – sobre a pluralidade de fenômenos que surgiram no contexto do complexo processo de globalização econômica, cultural e política e que continuam desafiando nossa compreensão da sociedade atual. Vide MARTINS, Carlos Benedito Martins; ELLIOT, Anthony; TURNER, Bryan. *On society*. Cambridge: Polity Press, 2012 *apud Revista Brasileira de Ciências Sociais*, v.28, n.82, São Paulo, jun./2013. Disponível em: <http://dx.doi.org/10.1590/S0102-69092013000200014>.

[112] ARISTÓTELES. *Política, livro I*. Trad. Mario Gama Kury. Brasília: Editora Universidade de Brasília, 1985. Nessa linha de pensamento, entre outros, temos São Tomás de Aquino (Idade Média) e Oreste Ranelletti.

[113] ROUSSEAU, Jean-Jacques. Uma sociedade política, regida por leis e fundada em um acordo universal e invariável, que beneficia todos igualmente, e organizada com base em deveres mútuos privilegiando a vontade coletiva (Livro I, Cap. VI). *O contrato social*, col. Os Pensadores. São Paulo: Abril, 1983. Na linha contratualista, temos Platão, Thomas Hobbes, Montesquieu.

solucionar os problemas e equacionar questões coletivas, emergindo desse contexto o exercício do poder em seu sentido amplo, como muito bem se depreende das lições de Celso Ribeiro Bastos ao afirmar o uso do poder encontrava-se entremeado com vários aspectos da vida social como, por exemplo, o aspecto guerreiro e religioso, na medida em que ainda inexista um ganho de autonomia da política, embora não se possa dizer que não existisse uma função política.[114]

As formulações sobre os fundamentos da sociedade, ou melhor, qual o modo que a sociedade deve se organizar, no sentido de se estabelecer e estruturar o poder e, posteriormente, se governar, encontram-se assentadas em duas concepções: organicista e mecanicista.

A teoria do organicismo apresenta como fundamento valorativo a Sociedade, ou seja, sua realidade é superior e justifica o coletivo. Em outro giro, a sociedade é perene e o indivíduo encontra-se limitado por questões de ordem temporal. Em razão desse coletivo a autoridade sobre ele justifica a manutenção do todo. Del Vecchio apresenta o seguinte conceito de sociedade sob o aspecto organicista: reunião de várias partes, que preenchem funções distintas e que, por sua ação combinada, concorrem para manter a vida do todo"[115]

Na teoria mecanicista[116] o indivíduo é o centro que justifica toda assimilação do coletivo. O epicentro valorativo aqui é o sujeito (indivíduo) e esse fato não autoriza ou justifica a criação de algo fora dele. As partes individuais, fundadas na razão, devem assentir, não vigorando, assim, o princípio da autoridade. As decisões para sociedade reconduzem sempre ao indivíduo. Aqui o coletivo vive em função de traduzir e proteger a vontade das partes individuais.

Para além das concepções sobreditas, a ciência social apresenta a fixação da diferença entre comunidade e sociedade.

Comunidade possui, pois, um grau de intimidade, uma união de sentimentos entre os partícipes e forte coesão entre seus membros, nela predominando os contatos sociais primários com envolvimento da pessoa em sua completude, identificando-se, assim, um envolvimento global e total.

---

[114] BASTOS, Celso Ribeiro. *Curso de Direito Constitucional*. 22. ed. São Paulo: Malheiros, 2010. p. 26.

[115] DEL VECCHIO, Giorgio. *Philosophie du Droit*, Trad. J. Alexis D'Aynac. Paris: Dalloz, p. 346.

[116] Os mecanicistas combatem duramente a identificação dos organismos biológicos com a sociedade e fundamentam suas críticas no fato de que o indivíduo pertencente ao corpo da sociedade possui possibilidades de viver por si próprio, enquanto que a parte do organismo não vive por si mesma ela precisa do todo para manter-se viva. O indivíduo autonomamente desloca-se nos grupos de que faz parte.

CAPÍTULO III
ESTADO FEDERAL BRASILEIRO | 75

Na sociedade, por sua vez, há um acordo com regras que são racionalmente estabelecidas pelo grupo, ou seja, havendo assim uma normatização prévia para a consecução de determinados fins, havendo, portanto, o envolvimento específico e parcial.

Percebe-se que as teorias até aqui delineadas se empenham em explicar os fundamentos da sociedade e, a partir desse ponto, necessário se faz alinhar as terminologias Sociedade e Estado, sob os mais diversos olhares sociológico, jurídico e econômico.

Calha trazer à baila as lições de Paulo Bonavides que, ao se debruçar sobre o dualismo Sociedade-Estado, afirma que com a dissolução do corporativismo medieval a burguesia, recém-triunfante, apega-se ao conceito que faz do Estado não só a ordem jurídica propriamente dita, como também o corpo normativo, a máquina do poder político, exterior à sociedade, entendida dentro de um contexto mais dilatado, com substrato econômico, onde os indivíduos são capazes de dinamizar a sua ação e expandir o seu trabalho.[117] Assim fixa-se o ponto do dualismo sociedade/estado, entendendo-se que o Estado é o *corpo normativo* a regrar a sociedade.

Sem adentrar em maiores discussões, é fato incontroverso que a vida social necessita da organização mínima do poder, pelo que, modernamente a conclusão é que se há sociedade, há poder e esse poder, de caráter institucionalizado, é exercido por meio do Estado.

Assim, o fenômeno estatal nos leva à necessidade de conceituar e verificar os elementos de composição e formação do Estado.

O significante Estado, de acordo com Jorge Miranda, é "proveniente do latim *status* que equivale à constituição ou ordem" e a "evolução da terminologia para designar sociedade política reflete, como não poderia deixar de ser, a evolução dos seus tipos e respectivos conceitos".[118] A palavra foi utilizada pela primeira vez na obra "O Príncipe" de Maquiavel,[119] escrita em 1513.

Estado para Immanuel Kant foi definido como:

> O ato pelo qual o povo mesmo se constitui num Estado – embora apenas, propriamente falando, segundo a única ideia dele pela qual se pode pensar sua legalidade – é o contrato originário, segundo o qual todos (*omnes et singuli*) no povo renunciam à sua liberdade externa para readquiri-la imediatamente enquanto membros de uma comunidade política, ou seja,

---

[117] BONAVIDES, Paulo. *Ciência Política*. 23. ed. São Paulo: Malheiros, 2016. p. 63.

[118] MIRANDA, Jorge. *Manual de Direito Constitucional – Preliminares*. O estado e outros sistemas constitucionais, tomo I. Coimbra: Coimbra Editora, 2004. p. 72-73.

[119] Para além do uso da terminologia, com Maquiavel tem início a reflexão sobre uma realidade até então desconhecida dos pensadores antigos.

enquanto membros do povo considerado como Estado (*universi*). E não se pode dizer que o homem no Estado tenha sacrificado a um fim uma parte de sua liberdade externa inata, mas sim que teria abandonado por completo a liberdade selvagem e sem lei para, numa situação de dependência legal, isto é, num estado jurídico, reencontrar intacta sua liberdade em geral, pois essa dependência surge de sua própria vontade legisladora.[120]

Max Weber, sobre Estado, averbou:

Uma 'organização governante' será chamada 'política' na medida em que sua existência e ordem forem continuamente salvaguardadas dentro de uma dada área territorial pela ameaça e aplicação de força física por parte do órgão administrativo. Uma organização política compulsória com operação contínua será chamada de 'estado' na medida em que seu órgão administrativo sustentar satisfatoriamente a alegação do monopólio da legitimidade do uso da força física para proteger sua ordem.[121]

Para Hans Kelsen,[122] o Estado coincide com a ordem jurídica:

O Estado, cujos elementos essenciais são a população, o território e o poder, define-se como uma ordem jurídica relativamente centralizada, limitada no seu domínio espacial e temporal de vigência, soberana ou imediata relativamente ao Direito Internacional e que é, globalmente ou de modo geral, eficaz.

De sua vez, Clovis Beviláqua[123] observa:

Ainda que não devamos confundir a sociedade com o Estado, não podemos desconhecer que, distribuindo-se a sociedade humana em agregados nacionais, é o Estado que organiza esses agregados, por meio de aparelhos adequados, e, pois, nos será permitido defini-lo — um agrupamento humano, estabelecido em determinado território e submetido a um poder soberano, que lhe dá unidade orgânica.

---

[120] KANT, Immanuel. *A fundamentação da metafísica dos costumes*. Trad. (primeira parte) Célia Aparecida Martim. Petrópolis: Vozes, 2013. p. 107.

[121] WEBER, Max. *The theory of social and economic organization*. New York: Oxford University Press, 1947. p. 54.

[122] HANS, Kelsen. *Teoria pura do direito*. Trad. João Baptista Machado. São Paulo: Martins Fontes, 2006. p. 321.

[123] BEVILÁQUA, Clóvis. Conceito de Estado. *Revista da Faculdade de Direito de São Paulo*, v. 26, 1930. p. 5-17.

Celso Ribeiro Bastos[124] define Estado como organização política governada por leis:

> Estado é a organização política sob a qual vive o homem moderno. Ele caracteriza-se por ser a resultante de um povo vivendo sobre um território delimitado e governado por leis que se fundem num poder não sobrepujado por nenhum outro externamente e supremo internamente.

Para George Burdeau,[125] o Estado é uma ideia, é produto da inteligência humana, que deve assegurar para si uma base uniforme e acima dos interesses sociais divergentes. O poder, portanto, é diverso do Estado:

> No Estado, o poder se reveste de características que não são encontradas em outro lugar, a saber: seu modo de enraizamento no grupo lhe da originalidade que repercute na situação dos governantes e sua finalidade o libera da arbitrariedade das vontades individuais, seu exercício, enfim, obedece a regras que limitam seu perigo. Segundo essa concepção, o poder é mais do que essencial para o Estado, pois ele é o próprio estado como expressão ordenada da ideia de convivência que pondera o grupo.

Cada autor apresenta uma faceta do Estado, assim importante registrar que o conceito de Estado sofreu reflexos com as mudanças econômicas[126] advindas da revolução industrial, na medida em que o crescimento populacional, o advento da máquina como meio de produção e maximização de ganhos introduziu nova forma de percepção em relação ao poder político. Dentro dessa perspectiva Paulo Bonavides apresenta o Estado na acepção sociológica do marxismo:

> Marx e Engels explicam o Estado como fenômeno histórico passageiro, oriundo da luta de classe na sociedade, desde que a propriedade coletiva se passou à apropriação individual dos meios de produção (...) o poder político, como Marx o definiu, é poder organizado de uma classe para a opressão de outra.[127]

---

[124] BASTOS, Celso Ribeiro. *Curso de Teoria do Estado e Ciência Política*. 4. ed. São Paulo: Saraiva, 1999. p. 34.

[125] BURDEAU, Georges. *O estado*. Trad. Maria Ermantina de Almeida Prado Galvão. São Paulo: Martins Fontes, 2005. p. 23.

[126] O Estado, do ponto de vista econômico, não surge ao acaso é fruto de um contexto sócio político. A revolução industrial, o aumento da produção gerou uma enorme quantidade de desempregados, além do que introduziu a necessidade do trabalho operário, que não exigia técnica. Desse fato decorreu a utilização de mão de obra mais barata e vantajosa – mulheres e crianças – e em condições precárias de trabalho

[127] BONAVIDES, Paulo. *Ciência Política, op. cit.*, p. 69.

Considerando que Marx não ofereceu sua visão teórica e sistêmica sobre Estado, Paulo Bonavides o apresenta sob a perspectiva marxista:

> O Estado é instrumento de poder, arma temível e poderosa em mãos de determinada classe, utilizada, segundo ele, não a favor da sociedade, mas da classe forte e privilegiada, contra as classes oprimidas.[128]

Não podemos deixar de registrar que toda a questão aqui discutida, de um modo ou de outro, termina por desembocar em alguns elementos de caráter visceral, na medida em que não conseguimos conceber o Estado sem a existência de um povo, que deve ser submetido, de forma organizada, a um poder soberano, em dado território.

Por conseguinte, o Estado se define a partir do momento em que existe uma determinada sociedade organizada juridicamente, dotada de soberania, com um aparelhamento previamente estruturado, em dado território e sob um governo.

3.2 Os elementos do Estado

A discussão sobre os elementos do Estado é variada. Entretanto, em linhas gerais, é possível afirmar que povo e território invariavelmente encontram-se associados à ideia de Estado, acompanhado da noção de poder, mais precisamente do denominado poder político.

Jorge Miranda, em percuciente observação, aponta que os elementos do Estado podem ser considerados como componentes, ou seja, pelo prisma constitutivo do Estado, como também como manifestações de sua existência. No primeiro sentido, observa o autor, o Estado abrange o povo, o território e um poder político, ainda que outros elementos possam ser integrados. Quanto ao sentido relativo à manifestação da existência do Estado, necessariamente tem de haver um povo, um território e um poder político, sem que com isso se aceite, necessariamente, a recondução a eles da estrutura do Estado.[129]

Por sua vez Augusto Zimmermann identifica como elementos essenciais do Estado o povo, território e governo. Considerando que os dois primeiros são de caráter prévio e o terceiro – o governo – se constitui na ação estatal propriamente dita, incorporando a autoridade política dominante na sociedade.[130]

---

[128] BONAVIDES, Paulo. *Teoria do Estado. op. cit.*, p. 178.

[129] MIRANDA, Jorge. *Manual de direito constitucional*. Tomo III. Estrutura constitucional do Estado. 5. ed. Coimbra: Almedina, 2004. p. 32.

[130] ZIMMERMANN, Augusto. *Teoria geral do federalismo democrático*. 2. ed. Rio de Janeiro: Lumen Juris, 2005. p. 12.

Como dito anteriormente, os elementos do Estado admitem consideráveis variações. Pedro Salvetti Netto considera como indicativos da existência do Estado: população, território, ordenamento jurídico, governo e bem comum.[131]

No mesmo sentido, temos o entendimento de Horácio Sanguinetti, que coloca povo, território e governo como condicionantes comprobatórios da existência do Estado.[132]

Sobreleva dizer que os elementos do Estado, considerados como povo e território, são praticamente pacíficos entre os autores. Todavia, quanto ao terceiro elemento, o poder, encontramos variações, com a utilização de terminologias como poder político, governo e soberania.[133]

Impõe-se examinar qual o correto entendimento que deve ser atribuído aos elementos do Estado, vistos isoladamente, mas dentro de uma adequada moldura jurídica.

De plano, confesso que o entendimento esposado por Jorge Miranda, ao dizer que o *povo corresponde* à *comunidade política,*[134] não satisfaz. Em nosso entender, a correta acepção do elemento em discussão deve ser melhor examinada.

Deveras, em princípio, podemos entender que o povo se constitui no conjunto de pessoas que se encontram no limite espacial em que o Estado exerce o seu poder político, ainda que possam existir disceptações quanto ao fato dessa acepção abarcar o cidadão, a população e os nacionais.

Para se chegar a uma conclusão quanto à correta acepção do povo enquanto elemento constitutivo do Estado, em nosso ordenamento jurídico, devemos buscar a resposta em nossa Lei Fundamental.

Ainda que a Constituição Federal em seu art.1º, parágrafo único, seja cristalina ao dizer que todo o poder emana do povo e que esse mesmo poder deve ser exercido por meio de seus representantes ou diretamente, poderíamos concluir que o elemento povo abarcaria tão somente o cidadão, em razão de ser este que detém o direito de votar e ser votado.

Contudo, o art. 5º, da Constituição Federal, ao dispor sobre os direitos e garantias fundamentais, determina que todos são iguais perante a lei, garantindo-se não só aos brasileiros, mas também aos estrangeiros residentes no País a inviolabilidade do direito à vida, à liberdade, à igualdade, à segurança e à propriedade.

---

[131] SALVETTI NETTO, Pedro. *Curso de ciência política*: Teoria do Estado. v. I. São Paulo: Resenha Universitária, 1975. p. 47.

[132] SANGUINETTI, Horácio. *Curso de derecho político*. 4. ed. Buenos Aires: Astrea, 2000. p. 395.

[133] SERRANO, Pedro Estevam Alves Pinto. *op. cit.*, p. 17.

[134] MIRANDA, Jorge., *op. cit.*, p. 34.

Logo, outra conclusão não é possível senão aquela que abarque no contexto do povo não só os nacionais, mas também os estrangeiros que se encontrem em trânsito pelo território nacional. Ora, admitindo que não só nacionais, mas também os estrangeiros podem *lato sensu* ser considerados "povo", é de ser perquirir se esta seria efetivamente a melhor terminologia para colocá-lo como um dos elementos do Estado. Augusto Zimmermann sobre o tema afirma:

> O povo compreende a soma dos indivíduos dotados de identidades culturais comuns, que estão pertencentes ao mesmo conjunto territorial do Estado, prestando-lhe sujeição e adquirindo direitos e deveres específicos. O conceito de povo difere daquele referente à população, pois que este abrange nacionais e estrangeiros, podendo inclusive constituir-se de indivíduos de grupos étnicos e culturais diferentes. Havendo, porém Estados com mais de um povo, dizemos sê-lo de caráter multinacional.[135]

Ainda que o autor em questão afirme que na estruturação do Estado, há que se identificar os três elementos clássicos, dentre os quais figura o povo, com sustentáculo no mesmo autor, entendemos que a terminologia mais adequada é aquela que se utiliza da expressão população, posto que o estrangeiro, ainda que nesta condição deve se submeter às imposições do direito bem como usufruir de prerrogativas ainda que esteja em trânsito pelo território nacional.[136]

Quanto ao território, Jorge Miranda, ao examinar a questão e, após suscitar uma série de questões controvertidas, termina por concluir:

> [...] diz-se que o território não pode considerar-se como o 'corpo' do Estado. Não é o território que delimita o âmbito do senhorio, é o senhorio que delimita o território. O território é elemento meramente exterior (quase como o solo para qualquer edifício). Uma coisa é dizer que ele é elemento da ideia de Estado, outra coisa é dizer que ele é elemento do Estado. E há quem tome o território, não como um elemento autônomo, mas como um elemento com recurso ao qual cada um dos outros, de acordo com a natureza, se qualifica e se caracteriza – e daí a ideia de territorialidade.

---

[135] ZIMMERMANN, Augusto. Teoria geral do federalismo democrático. 2. ed. Rio de Janeiro: Lumen Juris, 2005. p. 12.

[136] Luiz Alberto David Araújo e Vidal Serrano Nunes Júnior observam: "[...] a interpretação sistemática e finalística do texto constitucional não deixa dúvidas de que os direitos fundamentais se destinam a todos os indivíduos, independentemente de sua nacionalidade ou situação no Brasil. Assim, um turista (estrangeiro não residente) que seja vítima de uma arbitrariedade policial, por evidente, poderá utilizar-se dos *habeas corpus* para proteger seu direito de locomoção". Vide *Curso de direito constitucional*. 12. ed. São Paulo: Saraiva, 2008. p. 128.

O território apenas se converte em elementos da definição do Estado enquanto serve para distinguir a ordem jurídica estatal de qualquer ordem jurídica não territorial. Só historicamente, não geneticamente, ele adquire preponderância.[137]

É de ser ver que o autor sobredito não vê no território um elemento do Estado, mas sim um complemento do Estado, enquanto espaço de caráter meramente geográfico.

Com todo o respeito ao entendimento de Jorge Miranda, não conseguimos vislumbrar território, senão enquanto elemento constitutivo do Estado. Assim, é o território a base física de atuação daquilo que, até o presente momento, denominamos de poder. Augusto Zimmermann, de forma simples e feliz, assim concebe o território:

> O território é a base física e o limite de atuação jurídica do Estado, podendo ser contínuo ou incluir áreas destacáveis, tais como as ilhas e aquelas situadas em outro continente. Além disso, o espaço aéreo, as águas, interiores e a plataforma marítima são também usualmente considerados como partes integrantes do território estatal.[138]

Cumpre-nos deixar claro que o território é indissociável e inarredável elemento jungido ao Estado, tendo em vista que será nesse espaço geográfico que o poder será exercido, submetendo a todos que ali se encontrem. Em outras palavras, para nós, inexiste Estado sem território.

Desde logo, registramos que a questão do território, enquanto elemento de conformação do Estado, é questão de relevância para o desenvolvimento de nossa tese, em razão de sua íntima correlação com as competências, notadamente naquilo que diz respeito à formação das Regiões Metropolitanas.

Posto isso, passemos ao exame do último elemento clássico de caracterização do Estado, o poder, por muitos denominado de poder político, governo e poder soberano.

Deixando de lado considerações acerca do poder em sentido amplo, passemos, pois, a nos debruçar sobre o poder político propriamente dito que, a breve trecho, concebemos como uma prerrogativa de se ditar ordens e exigir, ainda que coativamente, o seu cumprimento, cabendo ao Estado o seu exercício.

José Afonso da Silva, ao discorrer sobre o poder político, enfatiza a sua superioridade. É caracterizador da soberania do Estado que implica a independência em confronto com os poderes exteriores –

---

[137] MIRANDA, Jorge. *op. cit.*, p.33.
[138] ZIMMERMANN, Augusto. *op. cit.*, p. 12.

soberania externa – e também a supremacia sobre todos os demais poderes interiores à sociedade estatal (soberania interna).[139]

Celso Ribeiro Bastos, por sua vez, observa que o poder político é aquele exercido no Estado e pelo Estado, tendo como nota individualizadora a supremacia sobre todos os demais poderes que se encontram sob sua jurisdição. Anota, ainda, o autor que a criação do Estado Moderno se caracteriza pelo momento em que num mesmo território foi possível identificar apenas um único poder, sem a necessidade de se chamar o poder de outrem em seu socorro.[140]

Ora, o poder político, caracterizado por uma série de prerrogativas, contando inclusive com o uso da força, somente se materializa por meio da ordem jurídica, ou seja, mediante normas jurídicas devidamente positivadas, o que poderia nos levar a dizer que o Estado se caracteriza pelo poder jurídico.

Contudo, não é assim que entendo. Em princípio, entre as denominações de poder político e poder jurídico, faz-se mais acertada a utilização da primeira expressão, até porque é impossível conceber o poder político completamente dissociado de uma norma jurídica como, aliás, afirma Dalmo de Abreu Dallari, ao dizer que mesmo que o poder tenha a aparência de mero poder político, sem uma preocupação com o direito, ele já participa, ainda que minimamente, da ordem jurídica.[141] Com efeito, o poder jurídico é apenas um decorrente lógico do poder político.

De outra parte, também se faz necessário examinar outra expressão comumente utilizada para identificar o poder enquanto elemento do Estado. Estamos nos referindo, mais precisamente, ao poder soberano.

Entendemos que a soberania se manifesta mediante o poder estatal de estabelecer normas e exigir o seu cumprimento, inclusive mediante a utilização da força, em dado território, sem sofrer qualquer tipo de limitação ou interferência interna ou externa.

Note-se que a soberania também vem associada ao exercício do poder político, pelo que é acertado dizer que a soberania é mais um dos decorrentes do exercício desse poder.

Por fim, não podemos deixar e consignar que a questão dos elementos do Estado não é pacífica, sendo formada pelas mais diversas

---

[139] SILVA, José Afonso da. *Curso de direito constitucional positivo*. 31. ed. São Paulo: Malheiros, 2008. p. 107.

[140] BASTOS, Celso Ribeiro. *Curso de direito constitucional*. 22. ed. atual. por Samantha Meyer-Pflug. Prefácio de Gilmar Ferreira Mendes. São Paulo: Malheiros, 2010. p. 38-39.

[141] DALLARI, Dalmo de Abreu. *Elementos de Teoria Geral do Estado*. São Paulo: Saraiva, 1995, p. 97.

disceptações doutrinárias, agregando-se a questão do governo e da finalidade como, aliás, sustenta Pedro Salvetti Netto.[142] Contudo, não é esse o nosso entendimento, eis que o governo se constitui na necessária organização para o exercício do poder político, sendo, portanto, um consequente lógico da soberania, de fazer valer, em todo o seu território a totalidade de suas decisões.

Por derradeiro, resta-nos enfrentar a questão da finalidade enquanto elemento do Estado. Interessante é o posicionamento de Alexandre Groppalli, que afirma:

> Se o território e o povo representam os elementos materiais do Estado e o poder de Império representa seu elemento formal, a finalidade constitui o seu elemento espiritual, fazendo-o viver no tempo em um contínuo trabalho para atingir metas cada vez mais altas.[143]

Entendo que a finalidade não é elemento do Estado, mas sim é vista enquanto uma meta a ser atingida que, em linhas gerais, pode ser definida como a busca pelo bem comum, pela concretização do interesse público.

Impende, pois, considerar que a finalidade somente reúne condições de ser vista enquanto um consequente do exercício da soberania e, portanto, não pode ser vista como um pré-requisito para a existência do Estado.

3.3 As diversas formas de Estado

Examinar as diversas formas existentes do Estado implica, em última análise, abordar a questão em razão de uma classificação que, a olhos desarmados, vai depender do critério adotado pelo autor.

Claro está, portanto, que o Estado poderá ser classificado em razão de suas dimensões, formas de governo, regime político, dentre outras possibilidades. De qualquer sorte, temos para nós que uma classificação só é aceitável a partir do momento que for possível dar-lhe uma finalidade prática, sob pena de se revelar em um mero adorno, sem qualquer serventia.

Augusto Zimmermann, de primevo, adota uma classificação bastante simplista quanto às formas de Estado – Estado Simples e Estado Composto. Para o autor, o Estado simples, mais conhecido como

---

[142] SALVETTI NETTO, Pedro. *Curso de Ciência Política*: Teoria do Estado. V. I São Paulo: Resenha Universitária, 1975. p. 47.

[143] GROPPALLI, Alexandre. *Doutrina do Estado*. Trad. Paulo Edmur de Souza Queiroz. 2. ed. São Paulo: Saraiva, 1968. p. 141.

unitário, se revela em um único órgão de governo político que assume a direção de todos os negócios públicos, havendo assim um monismo de poder, ainda que admita algumas formas de descentralização administrativa à guisa de se garantir uma mínima autonomia regional ou local. No que concerne ao Estado composto, constituído de forma acentuadamente mais complexa que o Estado unitário, afirma o autor que existe a união de duas ou mais entidades políticas, implicando a existência de pelo menos quatro diferentes espécies: união pessoal, união real, confederação e federação. Nas palavras do autor:

> A união pessoal e a união real são formas tipicamente monárquicas, e ocorrem quando dois ou mais Estados são submetidos ao governo de um único rei, em virtude de sucessão hereditária. No primeiro caso, os Estados ainda conservam a sua soberania interna e internacional, ligando-se apenas pela pessoa física do soberano. No segundo, entretanto, há uma união mais definitiva de dois ou mais Estados, conservando cada um a autonomia administrativa, mas formando uma única pessoa jurídica perante o direito público internacional.
>
> A confederação é uma união contratual de Estados soberanos, com o objetivo de estabelecer determinadas tarefas comuns, tais como as de defender o território confederal e garantir a segurança interna, além de outros objetivos expressamente pactuados. Designa, de tal modo, uma associação de direito internacional, donde tais Estados permanecem soberanos, mas ainda neste caso submetidos, por vontade própria ao contrato confederativo.
>
> Ao contrário da confederação, onde os Estados preservam uma pretensa soberania perante o direito internacional, na federação as unidades estaduais somente são reconhecidas através das regras de direito constitucional interno. Este tipo de Estado, que reparte constitucionalmente as competências estaduais e pelo menos dois diferentes níveis verticais de poder [...].[144]

É de se ver que a classificação adotada por Augusto Zimmermann, embora em um primeiro momento se afigure bastante simples, ao final revela-se extremamente complexa e completa, abarcando as mais diversas hipóteses de tipologias estatais.

Luiz Alberto David Araújo e Vidal Serrano Nunes Júnior,[145] acompanhando o entendimento de Dircêo Torrecillas Ramos[146] e

---

[144] ZIMMERMANN, Augusto. *Teoria geral do federalismo democrático, op. cit.*, p. 14.

[145] ARAUJO, Luiz Alberto David; NUNES JUNIOR, Vidal Serrano. *Curso de direito constitucional*. 12. ed. São Paulo: Saraiva, 2008, *passim*.

[146] RAMOS, Dircêo Torrecillas. *O federalismo assimétrico*. 2. ed. Rio de Janeiro: Forense, 2000. p. 15.

Manoel Goncalves Ferreira Filho,[147] classificam o Estado como Unitário, Descentralizado, Constitucionalmente Descentralizado ou Regional e Federal.

Sem desprestígio de classificações outras, temos que a adotada pelos autores em comento, com sustentáculo nos parâmetros da centralização e descentralização do poder tem um reflexo pragmático relevante, na medida em que o Estado se manifesta, sem qualquer dúvida, mediante o exercício do poder estatal.

Manoel Gonçalves Ferreira Filho, ao discorrer sobre as diversas tipologias estatais, ensina:

> Um é o Estado unitário. Existe este sempre que a descentralização nele existente (administrativa, legislativa e/ou política) está a mercê do Poder Central. Este, por decisão sua (em geral por forma de lei), pode suprimir essa descentralização, ampliá-la, restringi-la etc.
>
> [...]
>
> Chama-se de estado unitário descentralizado uma modalidade de Estado unitário, aquela em que existe a descentralização política. É o caso do Brasil no Império.
>
> [...]
>
> Surgem, com isto, Estados unitários constitucionalmente descentraliza-dos. Nestes o Poder Central não tem à sua mercê a existência e amplitude da descentralização. Ou diga-se melhor, o poder constituído não tem à sua mercê, pois ela depende do Poder Constituinte central. Este é a que pode suprimir ou alterar pelo modo por que se altera a Constituição. Muitos chamam estes Estados de Estados regionais.[148]

Digno de nota é que o critério adotado pelo autor tem como sustentáculos as diversas possibilidades que a descentralização oferta seja ela de cunho político, administrativo ou mesmo de caráter constitucional, exigindo, nesta última hipótese um rigor maior para a eventual possibilidade de reforma, posto que dependente de alteração da lei magna.

Resta ainda examinar a questão do Estado Federal ofertada por Manoel Gonçalves Ferreira Filho que, dada a sua relevância no orde-namento jurídico brasileiro, preferimos fazê-lo em separado, e com o detalhamento que o caso requer.

Porém antes de analisar mais uma vez as lições de Manoel Ferreira Filho, importa lembrar que o federalismo tem como berço a

---

[147] FERREIRA FILHO, Manoel Gonçalves. *Curso de direito constitucional*. 35. ed. São Paulo: Saraiva, 2009. p. 53-54.

[148] *Ibidem.*

Constituição dos Estados Unidos da América de 1787, que se caracteriza pela união de diversas coletividades públicas autônomas.[149]

O Estado Federal no Brasil foi adotado por ocasião da proclamação da República, no ano de 1889, sendo que tal regime foi mantido pelas constituições subsequentes até os dias de hoje. Feitas essas considerações preliminares e de caráter histórico, passemos ao exame das lições de Manoel Gonçalves Ferreira Filho:

> Tais Estados unitários constitucionalmente descentralizados tendem a confundir-se com os Estados federais.
>
> A doutrina costumava fixar critérios de distinção entre o Estado unitário descentralizado e o Estado federal exatamente em ser, neste, a descentralização decorrente da Constituição. O Estado federal seria, para Durand, o Estado constitucionalmente descentralizado.
>
> Dessa nova situação resulta a dificuldade de fixar a linha separadora entre a descentralização e o federalismo, separação essa que para muitos é arbitrária e artificial.
>
> Tentando mantê-la, vale lembrar que, nos Estados federais, a estrutura federativa é posta como intocável (como está na Constituição brasileira, art. 60, §4º, I). Neles, sempre se dá a participação dos Estados-membros no Poder Central por meio de uma Câmara que os representa (o Senado).
>
> Enfim, aos Estados Membros se reconhece a auto-organização por um poder constituinte próprio. Nesses dois últimos pontos está o cerne da autonomia dos Estados Membros da Federação.[150]

Sobreleva dizer que aquilo que denota o Estado Federal são as entidades que compõem a estrutura federativa. Vale dizer, sem estados-membros não há federação.

A Constituição de 1988 deixa claro que a federação consiste na união de coletividades regionais que a doutrina denomina de Estados federados, Estados-membros ou simplesmente estados. Isso sem falar que, em nosso sistema, temos ainda os territórios federais, Distrito Federal, com relevante destaque para os municípios.

Deflui ainda das lições do autor que se reconhece aos Estados-membros a competência de auto-organização, que muitos chamam de autonomia. Convém enfatizar que essa autonomia deve ser relativizada ficando circunscrita, tão somente, ao governo próprio dentro do círculo

---

[149] SILVA, José Afonso da. Curso de direito constitucional dispositivo. 31. ed. (até EC n. 56 de 20.12.2007). São Paulo: Malheiros, 2008. p. 99.

[150] FERREIRA FILHO, Manoel Gonçalves. Curso de direito constitucional. 35. ed. São Paulo: Saraiva, 2009. p. 54.

de competências desenhado pela nossa Lei Fundamental, sendo titular de soberania única e exclusivamente o Estado federal, no caso a União.

3.4 As características do Estado Federal

De tudo o que se disse até agora, forçoso é concluir que as bases do Estado Federal encontram o seu sustentáculo na Constituição Federal. Nesse mesmo sentido é o entendimento de Paulo Bonavides ao dizer que somente se poderá falar sobre Estado federal em razão de um poder constituinte imbuído de soberania tal, capaz de traçar os lineamentos básicos da organização federativa, notadamente naquilo que diz respeito às suas instituições e, principalmente, no que concerne ao órgão legislativo, com competência para elaborar normas jurídicas destinadas ao povo, que além de a elas se submeteram, também estarão sujeitos às leis específicas dos Estados-membros a que pertencem.[151]

Destarte, as relações federais devem restar traçadas mediante um pacto incorporado em uma Constituição escrita,[152] havendo, necessariamente, não só uma divisão de poderes, mas também o seu compartilhamento, com a existência do direito dos Estados-membros elaborarem a própria Constituição.

Cumpre-nos ainda deixar claro, curialmente claro, que a presença do ente federal não se faz apenas pela via legislativa, mas também são estabelecidas na Constituição competências administrativas, na medida em que pode instituir órgãos e pessoas jurídicas específicas, para o exercício de atividades executivas.

Sobremais disso, compõe ainda o Estado Federal o Poder Judiciário, com os seus respectivos tribunais, além de se estabelecer uma Corte Suprema, capaz de dirimir litígios que envolvem a federação com os Estados-membros, bem como os conflitos eventualmente instalados entre referidos estados.

Outro aspecto de significativa relevância se constitui na supremacia do Estado federal sobre os Estados federados, nos termos determinados pela Constituição federal, abarcando questões pertinentes à forma de governo, relações entre os poderes constituídos, ideologia, competência legislativa, solução de litígios na esfera judiciária, dentre outros.[153]

---

[151] BONAVIDES, Paulo. *Ciência política*. 23. ed. São Paulo: Malheiros, 2016. p. 196.

[152] Dircêo Torrecillas Ramos afirma que: "Todas as federações existentes possuem constituições escritas, bem como outras nações que incorporam elementos dos princípios federais". Vide *O federalismo assimétrico. op. cit.*, p. 37.

[153] BONAVIDES, Paulo. *Ciência política. op. cit.*, p. 198.

Na Constituição de 1988, a supremacia do Estado Federal encontra-se muito bem traçada, a exemplo do art. 34, inciso VII, alíneas de "a" a "d". Com efeito, na hipótese de inobservância dos princípios ali delineados enseja a intervenção federal.

A superioridade do Estado Federal também pode ser aferida em razão das competências estabelecidas na Constituição. Em linhas gerais, essas competências são atribuídas, em grande parte, ao Estado Federal e em menor grau aos Estados Membros.

George Anderson assevera que na maioria das federações encontramos competências concorrentes, quando observamos que os níveis de governo podem legislar sobre a matéria, sempre com precedência da legislação federal. Dizendo, ainda, que a competência é conjunta nas hipóteses em que as matérias comportam decisões das duas ordens de governo e finalmente, a competência partilhada, em que cada esfera de governo detém competência distinta sobre determinada matéria com independência decisória.[154]

Nosso ordenamento constitucional enumera, respectivamente, as competências conjuntas do Estado Federal e dos Estados-membros, incluindo o município, seguida daquelas atribuídas apenas ao Estado Federal e, apenas, aos Estados-membros e municípios.

Como salientamos anteriormente, os Estados-membros possuem, a título de competência, o poder de erigir a sua própria constituição bem como alterá-la, desde que submetidas à Lei Fundamental, mas não se limitando a isto, na medida em que podem também possuem autonomia constitucional em matéria legislativa, executiva e judiciária.

Torna-se, ainda, de curial importância observar que uma das grandes características do federalismo se traduz na efetiva participação do Estado membro na federação, como muito bem anota Paulo Bonavides:

> Mas a posição dos Estados-membros, no quadro federativo não se cifra apenas no desempenho de sua autonomia constitucional matéria legislativa executiva ou judiciária, senão que cumpre ver ao lado dessa autonomia – essencial, diga-se de passagem, à identificação de toda união estatal federativa, cujos Estados participantes venham a distinguir-se do Estado unitário – aqueles pontos de organização federal em que os em que os Estados federados aparecem por sua vez tomando parte ativa e indispensável na elaboração e no mecanismo da Constituição federal. Aqui os Estados-membros estão mais a dar do que receber. Fixa-se com esse aspecto a importância capital da participação do Estado na

---

[154] ANDERSON, George. *Federalismo*: uma introdução. Trad. Ewandro Magalhães Júnior e Fátima Guerreiro. Rio de Janeiro: Editora FGV, 2009. p. 45.

Federação, acentuando-se aí, por excelência outro ângulo verdadei-ramente federativo do sistema – o ângulo da participação -, o qual se acrescenta ao já examinado da livre competência dos Estados-membros de estatuírem acerca de matéria que a Constituição Federal porventura lhes haja reservado.

Temos então a organização federal implicando a dualidade do poder legislativo, repartido em duas Casas, uma representativa do conjunto os cidadãos, com participação variável dos Estados, segundo índices populacionais, e outra, que ao invés de representar o povo da Federação em sua totalidade, se torna por representativa dos Estados, a chamada Câmara Alta ou Senado, onde, segundo afirma Prélot, os Estados-membros recebem representação domo tais, 'na qualidade de elementos constitutivos e não por consideração a sua respectiva importância'.[155]

Dessume-se da lição colacionada que o sistema bicameral é da própria essência do Estado Federal, de sorte a preservar uma verdadeira democracia entre os Estados,[156] permitindo que estes últimos exprimam a sua vontade, conjuntamente com a Casa de Representantes do Povo, expressando tudo isso na produção da ordem jurídica.

3.5 Os modelos federalistas

No federalismo há uma série de composições e, portanto, não é possível tratá-lo de modo uniforme ou único. Em tese, o federalismo poderia ser a prática da descentralização. Dinorá Mussetti Grotti pontua que

> [...] a descentralização é, sem dúvida, uma grande arma a favor da demo-cracia e das liberdades públicas e só será possível mediante a existência de uma forma de Estado federativa, onde os entes regionais atuem de modo independente e autônomo, propiciando ao povo real participação no exercício do poder.[157]

Não obstante, há casos em que a realidade concreta é outra e, embora sob o título de federação, não há a realização efetiva desta forma democrática de distribuição do poder. Vejamos os modelos federalistas.

---

[155] BONAVIDES, Paulo. *Ciência política*, *op. cit.*, p. 200.

[156] Estado Soberano, formado por uma pluralidade de estados, no qual o poder do Estado emana dos estados- membros, ligados numa unidade estatal. JELLINEK, Georg. *Teoría general del estado*. Trad. Fernando Rios. Buenos Aires: Editorial Albatroz, 1973. p. 769.

[157] GROTTI, Dinorá Mussetti. Perspectivas para o federalismo. In: BASTOS, Celso Ribeiro (org.). *Por uma nova federação*. São Paulo: Revista do Tribunais, 1995, p. 150.

Federalismo por agregação é a união de antigos estados soberanos que se comprometem a união por meio da Constituição, exemplos de agregação temos Estados Unidos, Alemanha e Suíça. Federalismo por desagregação é a modificação do estado unitário em sistema federativo. Exemplo de desagregação é o Brasil, posto que o sistema federativo foi instituído com a constituição republicana de 1889, observa Afonso Arinos:

> O Brasil Foi um Estado unitário descentralizado até certo ponto pela dimensão territorial, pelas diferenças regionais e culturais e pelo Ato Adicional, mas fortemente unido pela centralização administrativa (por exemplo, a nomeação dos Presidentes das Províncias) e pela ação do poder Moderador, predominantemente enquanto o Imperador se manteve na força da saúde.[158]

No que concerne à distribuição de competência, temos o federalismo dual, no qual a repartição de competência entre a União e os Estados Federados é rígida. Já o federalismo de cooperação tem como meta a cooperação da União com os Estados-membros e, portanto, não dispõe claramente as competências.

Augusto Zimmermann apresenta duas modalidades de federalismo cooperativo, o autoritário e o democrático:

> O autoritário e o democrático. O primeiro a ser estruturado exclusivamente pela força do poder central, o segundo, por outro lado, que se dá em virtude do consentimento legitimamente edificado pelas partes formadoras do pacto federativo. Na sua modalidade autoritária, representa apenas um centralismo dissolvente do pacto federativo, que tão logo se desfaz em ruínas. É o praticado, por exemplo, na Federações meramente nominais da América latina, em sendo promotor de um executivo federal fortalecido.
> [...]
> O federalismo cooperativo democrático, por sua vez, é aquele formado pelo consentimento e não através da imposição. Nele, o poder é estabelecido em correlação com os valores democráticos de governo, onde o cidadão pode efetivamente exercitar, em distintos graus e esferas, o seu direito fundamental de participação e controle do poder político.[159]

Nessa senda, Raul Machado Horta afirma que a concepção do dual federalismo encontrado nos Estados Unidos da América do Norte fundou-se nas relações de justaposição entre os ordenamentos da União

---

[158] FRANCO, Afonso Arinos de Mello. *Algumas instituições políticas no Brasil e nos Estados Unidos*. Rio de Janeiro: Forense, 1975. p. 49.

[159] ZIMMERMANN, Augusto, *Teoria geral do federalismo democrático*, p. 58.

e dos Estados, recebendo contribuições do novo federalismo a partir do governo Roosevelt, ao intensificar o auxilio federal aos Estados mediante a instituição de programas e celebração de convênios.[160]

Temos, nesse passo, aquilo que se resolveu denominar de Federalismo de Integração (dual), no qual encontramos uma sujeição da esfera estadual à União, recebendo críticas de Dircêo Torrecillas Ramos. Eis que, segundo o autor, "Essa modalidade acentua os traços de federalismo cooperativo, mas conduz mais a um Estado unitário, descentralizado constitucionalmente, do que um verdadeiro Estado Federativo".[161]

De todo modo, o que se percebe nesse novo federalismo, que a nosso ver se constitui em uma de suas principais características, é a solidariedade que implica no necessário e constante envolvimento do Estado federal com os Estados membros.

É de se notar que o federalismo cooperativo pode se configurar de acordo com as mais diversas concepções, principalmente se lembrarmos que essa modalidade depende, em muito, de uma vontade política e, por vezes até casuísta.

Raul Machado Horta, em se falando da hipótese de um federalismo cooperativo, anota que nos Estados Unidos da América não houve um desenvolvimento planejado de um princípio, ocorrendo mediante um método pragmático, procurando solver casuisticamente casos concretos.[162]

No caso do Brasil, conforme aponta José Alfredo de Oliveira Baracho, o federalismo cooperativo manifestou-se mediante o estabelecimento de órgãos regionais, com o objetivo de implementar um melhor desenvolvimento das atividades, formados por Estados e Regiões Metropolitanas constituídas pelos Municípios, isso sem falar da possibilidade da instituição de incentivos fiscais.[163]

Enoch Alberti Rovira observa que a cooperação:

> Pressupõe a compreensão de que o governo central e os governos periféricos não são estranhos entre si, devendo todos mover-se em campos de atuação separados e acordados, num constante trabalho conjunto para

---

[160] HORTA, Raul Machado. *Federalismo: Federação e Reforma Constitucional*. Conferência proferida no 4º Encontro Nacional de Direito Constitucional, 31.08.1995, no salão Nobre da Faculdade de Direito da Universidade de São Paulo, promovida pela Associação Brasileira dos Constitucionalistas – Instituto Pimenta Bueno, p. 9.

[161] RAMOS, Dircêo Torrecillas, *op. cit.*, p. 48.

[162] HORTA, Raul Machado. *Federalismo: Federação e Reforma Constitucional*. p. 9-10.

[163] BARACHO, José Alfredo de Oliveira. *Teoria geral do federalismo*. Rio de Janeiro: Forense, 1986. p. 279.

o alcance de interesses comuns, em especial para buscar a solução para problemas que demandam a soma de esforços.[164]

Em Estados com grandes territórios e/ou com grandes diversidades, sejam elas de obrigações ou recursos, entre os entes federados é comum encontrarmos uma série de disparidades, sendo condição *sine qua non* a cooperação, para se alcançar o necessário sucesso na gestão dos interesses comuns e o mínimo de funcionalidade.

3.5.1 O federalismo assimétrico

Impõe-se, em caráter preliminar, trazer à baila um conceito de federalismo assimétrico. Dircêo Torrecilas Ramos conceitua a assimetria no sistema federal como "uma situação onde as diversidades dentro de uma sociedade maior encontram expressão política, através dos governos componentes".[165]

Doutra parte, Francisco Caamaño afirma, em síntese, que o federalismo assimétrico vem a ser uma ferramenta para que se construa o equilíbrio do desigual.[166]

Impende considerar que a teorização, seja ela política ou jurídica, somente será boa, na medida em que capaz de solver problemas concretos, atuando assim no mundo do "ser". Logo, é de se concluir que o federalismo tenha como meta permanente buscar instrumentos de ordem política ou jurídica para a resolução dos problemas que cotidiana e diuturnamente afetem a realidade, pelo que o estudo do federalismo assimétrico é medida que se impõe.[167]

---

[164] ROVIRA, Enoch Alberti. El federalismo actual como federalismo cooperativo. *Revista Mexicana de Sociologia*, v. 58, n. 4, oct./dec.1996. p. 52.

[165] RAMOS, Dircêo Torrecillas, *O federalismo assimétrico*, p. 63.

[166] CAAMAÑO, Francisco. Federalismo assimétrico: La impossibel renuncia al equilíbrio. *Revista Española de Derecho Constitucional*, n. 55, ano 19, p. 363.

[167] Ricardo Victalino de Oliveira, ao discorrer sobre as questões desafiadoras e, ainda, insolúveis, a título de exemplo cita a questão "dos impactos (potenciais e concretos) da indiferença de alguns governantes em efetivar a igualdade política entre seus cidadãos; das consequências advindas da assunção de uma posição de neutralidade cultural pelo Estado (sobretudo naqueles em que há patentes divergências socioculturais); dos conflitos ocasionados pela solidificação de grupos nacionalistas em Estados que deixam de atender a contento os reclamos das minorias; dos choques engendrados ao constitucionalismo em decorrência da progressiva tomada de consciência a respeito da necessidade de o poder estatal atuar como agente garantidor da preservação da diversidade; dos impactos causados às estruturas políticas em virtude da implementação de alguns direitos sociais que tomaram dimensões coletivas; e, ainda, por decorrência invariável, das multifacetadas formas desenhadas para potencializar o processo de adaptação do federalismo a um mundo muito mais complexo e inconstante do que aquele em originalmente foi concebido". Vide *Federalismo assimétrico brasileiro*. Belo Horizonte: Arraes Editores, 2012. p. 09-10.

Conquanto a resolução dos problemas propriamente ditos implique a implementação de atividades extremamente desafiadoras, em nosso entender o desafio maior se encontra na necessidade de se coadunar a ciência política e o direito.

Melhor dizendo, a elaboração do direito positivado está intimamente ligada à realidade política que não pode ser ignorada, de modo a responder às efetivas necessidades econômicas e sociais, sob pena de se formar normas inócuas e desprovidas da possibilidade de real aplicabilidade, como muito bem já apontava Pinto Ferreira ao dizer que as Constituições não podem ser apresentadas como formas puramente espirituais, mas sim como um reflexo do meio social, histórico e cultural.[168]

Jorge Miranda, discorrendo sobre as questões preliminares do político e do Estado, afirma:

> As grandes orientações de tratamento do Direito constitucional, além de espelhares diferentes posições gerais sobre o jurídico, recebem o influxo de toda a gama de fenômenos políticos e sociais que vão se sucedendo. E, a par de uma progressiva sedimentação, revelam-se bem diversas as preocupações e as formulações do século XIX, do constitucionalismo liberal, XX e as do século XXI, em que se defrontam correntes do pensamento e ação ora complementares, ora antagônicas.[169]

Ora, como é sabido e consabido, a Constituição é o instrumento garantidor da Federação e, portanto, nela deverão estar fixados os parâmetros das relações recíprocas entre o ente Federado e os Estados-membros, devendo o primeiro conter mecanismos eficientes para se compatibilizar as diversas realidades sociais, econômicas e políticas, principalmente em se tratando de contextos acentuadamente desiguais.

Sobreleva dizer que esse influxo relacional estabelecido entre o Direito e a Ciência Política é uma inarredável característica do federalismo assimétrico a ponto de Ricardo Victalino de Oliveira afirmar que a assimetria pode ser vista por esses dois ângulos e que a análise do cientista político, ao identificar as disparidades entre as peças que integram o Estado Federal, é o passo primevo para a compatibilização das desigualdades que venham a ser consagradas nas normas constitucionais instituídas.[170]

---

[168] FERREIRA, Pinto. Princípios gerais do direito constitucional moderno, tomo I. 2. ed. Rio de Janeiro: José Konfino, 1954. p. 47.

[169] MIRANDA, Jorge. Manual de direito constitucional: Preliminares o Estado e os sistemas constitucionais. Tomo I. 9. ed. Lisboa: Coimbra Editora, 2011. p. 23-24

[170] OLIVEIRA, Ricardo Victalino. *Federalismo assimétrico brasileiro*. Belo Horizonte: Arraes Editores, 2012. p. 16.

Manifesta-se ainda a assimetria, sob a rubrica de assimetria de fato ou política, e a assimetria constitucional ou de direito. Dircêo Torrecillas Ramos chama a atenção para a importância da diferenciação entre uma e outra, na medida em que para o cientista político o impacto da assimetria de fato sobre o sistema federal é o objeto de sua análise, enquanto que para o direito a questão que se põe é a verificação se a Constituição deve tratar as várias unidades de formas diferentes, preocupando-se ainda com os reflexos dessa assimetria.[171]

Creio ser possível afirmar que na assimetria de *jure* é preciso verificar se os mecanismos de conciliação são efetivamente possíveis, bem como a conveniência de sua adoção e também quais os limites de tudo isso, com vistas a evitar a desestabilização da federação.

Nesse mesmo sentido, é o entendimento de Ricardo Victalino de Oliveira que muito bem observa a questão da necessidade de se ter normas constitucionais que tenham efetividade, de tal modo que consigam resolver as demandas reais da sociedade:

> A conclusão segura a que se chega é a de que a desatenção aos pontos de tensão derivados da diversidade territorial levará invariavelmente à construção de Estados contaminados pelo artificialismo e, por conseguinte, poucos funcionais. Negligenciar os desníveis que tomam conta das regiões congregadas pelo laço federativo pode, de fato, acarretar a criação de Federações desprovidas de níveis mínimos de legitimidade, sobretudo ao se considerar o registro de Ricardo Lobo Torres, na perspectiva de que somente estarão adequados aos padrões entendidos como legítimos os ajustes constitucionais de poder que, além de cumprirem os requisitos elementares de validade e de existência, busquem incessantemente, nas demandas reais da sociedade a que servem, sua indeclinável razão de ser.[172]

A teoria do federalismo assimétrico contempla em seu bojo todo o sistema federativo com suas nuances, mas principalmente com as suas complexidades, notadamente aquelas pertinentes aos aspectos de diferenciação dos entes que integram a Federação.

O estudo da teoria de Charles Tarlton, idealizador do federalismo assimétrico, revela que o cerne da questão reside na necessária permissão do regime federativo contemplar a possibilidade de estruturas jurídico-políticas mediante o estudo dos laços estabelecidos, carreando, assim, como consequente lógico do Estado federal subsistir

---

[171] RAMOS, Dircêo Torrecillas. *O federalismo assimétrico*. 2. ed. Rio de Janeiro: Forense, 2000. p. 65.

[172] OLIVEIRA, Ricardo Victalino. *Ibidem*, p. 17.

em harmonia se os elementos de similitude predominarem sobre os aspectos de diversificação presentes.[173]

É cristalino que o federalismo assimétrico exige uma estruturação, consistente em mapeamento das diferenças existentes no Estado Federal, com vistas a encontrar a mais adequada solução jurídica a garantir a sobrevivência do pacto federativo.

Exsurge aqui o princípio da isonomia – igualar os iguais e desigualar os desiguais – pois, ainda que o objetivo seja conferir às unidades federadas a igualdade, não se pode olvidar que os arranjos institucionais eventualmente propostos devem levar em conta as desigualdades existentes.

Disto deflui que o Estado Federal, do ponto de vista da assimetria, pode ser concebido de múltiplas formas, como afirma com bastante propriedade Fernanda Dias Menezes de Almeida ao dizer que o federalismo é um exercício de criatividade, eis que, uma vez mantido o seu núcleo central, sempre será possível identificar múltiplos federalismos.[174]

Ainda que o federalismo possa, por si só, envolver várias disceptações doutrinárias, a questão da assimetria afigura-se no contexto federativo como uma exigência das diversidades regionais, implicando, pois, na existência de um Estado dialógico a conversar ininterruptamente com os integrantes do sistema federativo.

Por tudo isso, o federalismo assimétrico resulta em formulação de mecanismos jurídicos voltados a acomodar a diversidade territorial[175] e estes, conjugados com a cooperação intergovernamental, resultaram no federalismo solidário.

Tércio Sampaio Ferraz Junior preleciona que:

> As organizações estatais deverão, necessariamente, garantir o direito à igualdade, o que comporta uma aspiração bem mais ampla do que mera isonomia entre indivíduos, haja vista que essa norma alcança também as desigualdades de fato, as quais desvalorizam a existência de condições empíricas discriminantes, por isso, exigem a equalização das possibilidades de desenvolvimento em todos os cantos do território nacional. [176]

---

[173] TARLTON, Charles D. Synnetry and asymmetry as elements of Federalism: a theoretical speculation. In *The Journal of Politics*, v. 27, n. 1, feb. 1965. p. 872-873.

[174] ALMEIDA, Fernanda Dias Menezes de. Considerações sobre o rumo do Federalismo nos Estados Unidos e no Brasil. In: *Revista de Informação Legislativa*, Brasília, n. 96, ano 24, out./dez. 1987. p. 58.

[175] OLIVEIRA, Ricardo Vitalino. *Federalismo assimétrico brasileiro*. Belo Horizonte: Arraes, 2012. p. 2.

[176] FERRAZ JUNIOR, Tércio Sampaio. O novo pacto federativo. In: *Revista do Serviço Público*, v. 118, n. 1, ano 45, jan./jul. 1994. p. 89.

Em capítulo anterior registrou-se toda a problemática resultante da conurbação e consequentemente do fato metropolitano. O Estatuto da Metrópole impõe a Estados e municípios a promoção da governança interfederativa, o que não está em descordo com o federalismo de cooperação alinhado aos mecanismos jurídicos propostos pelo federalismo assimétrico. Para acabar com qualquer dúvida relativa à possibilidade jurídica da utilização do instrumental governança, faremos uma análise das competências dos entes federados, em especial a urbanística, em nossa Constituição Federal.

CAPÍTULO IV

COMPETÊNCIA URBANÍSTICA EM MATÉRIA URBANA

O fato metropolitano e suas dificuldades já foram assentados. A forma federativa traduzida no federalismo de cooperação com o instrumental do federalismo assimétrico demonstra que a articulação entre os entes federados é o meio de se implantar a governança interfederativa com a finalidade de se reduzir as desigualdades sociais e regionais. A questão a ser colocada em debate diz respeito às competências constitucionais e à tensão entre interesse local e interesse comum.

Para enfrentar o tema da competência urbanística, importa, em um primeiro momento, palmilhar a nossa Lei Fundamental de sorte a conhecer o desenho constitucional das competências do Estado Federativo Brasileiro, eis que cada uma das unidades federativas assume uma função dentro do Estado, com disposições demarcadas e asseguradas pela Constituição Federal.

Entretanto, antes de mergulharmos na questão posta em foco, o aspecto conceitual da competência, ainda que visto em rápidas pinceladas, é medida que se impõe.

4.1 Conceito de competência

Temos como certo que no Direito, notadamente no Direito Público, a prática de qualquer ato exige, como condição de validade, o estabelecimento das competências necessárias para tanto.

Por assim dizer, a competência, em última análise, se traduz no poder legal para a prática de determinado ato. Destarte, esse plexo de poder pode ser outorgado não só às pessoas jurídicas de direito público ou privado, como também às pessoas físicas, no caso os agentes públicos.[177]

Sobre esse poder, que na verdade é um dever, averba Celso Antônio Bandeira de Mello:

> Visto que o "poder" expressado nas competências não é senão a face reversa do dever de bem satisfazer interesses públicos, a competência pode ser conceituada como o círculo compreensivo de um plexo de deveres públicos a serem satisfeitos mediante o exercício de correlatos e demarcados poderes instrumentais, legalmente conferidos para a satisfação do interesse público.[178]

Deveras, a competência resulta diretamente da lei em seu sentido amplo – constituição, lei ordinária, lei complementar, lei delegada – deixando-se claro, como muito bem anota Caio Tácito, que a dita competência não se revela em um "cheque em branco".[179]

Seabra Fagundes, em suas lições, ensina que a competência deve estar rigorosamente positivada, como condição preliminar do exercício de quaisquer atividades estatais, concretizando-se como verdadeira garantia para o indivíduo contra os excessos de qualquer agente estatal.[180]

Ainda que o autor se refira aos atos administrativos, as suas lições expendidas aplicam-se não só às competências dos agentes públicos, como também aos órgãos integrantes do Poder Público, bem assim às pessoas jurídicas, inclusive aos entes federativos.

Não obstante, as posições citadas relativas às competências expressas, importante lembrar as competências implícitas,[181] ou seja, aquela que não está expressa, mas decorre da prática de atos ou de

---

[177] Daniela Campos Libório anota que "o tema 'competência' requer o estabelecimento de alguns pressupostos. Um deles é o que diz respeito a tratar-se sempre de Poder Público, representada através de suas mais diversas formas, como pessoas físicas ou jurídicas, podendo ser esta de direito público ou privado". *Estatuto da Cidade* (Comentários à Lei Federal 10.257/2001). DALLARI, Adilson Abreu; FERRAZ, Sérgio. São Paulo: Malheiros, 2002. p. 62.

[178] BANDEIRA DE MELLO, Celso Antônio. *Curso de Direito Administrativo*. 27. ed. São Paulo: Malheiros, 2015. p. 144.

[179] TÁCITO, Caio. *Direito administrativo*. São Paulo: Saraiva, 1975. p. 5.

[180] FAGUNDES, Seabra. *O controle dos atos administrativos pelo Poder Judiciário*. São Paulo: Saraiva, 1984. p. 52.

[181] A denominada teoria dos poderes implícitos surgiu nos Estados Unidos, no caso *McCulloch v. Maryland*, julgado pela suprema corte dos Estados Unidos, em que figurava como parte um banco, representado pelo seu diretor McCulloch e o Estado de Maryland. Basicamente a teoria informa que em função da constituição atribuir uma determinada competência expressa, estaria atribuindo, na forma implícita, também, os meios necessários para a integral realização de seus fins.

atividades necessários ao exercício dos poderes expressos. Ensina J.J. Gomes Canotilho:

> [...] uma complementação de competências constitucionais através do manejo de instrumentos metódicos de interpretação (sobretudo de interpretação sistemática ou teleológica). Por essa via, chegar-se-á a duas hipóteses de competências complementares implícitas: (1) competências implícitas complementares, enquadráveis no programa normativo-constitucional de uma competência explícita e justificáveis porque não se tratar tanto de alargar competências (ex.: quem tem competência para tomar uma decisão deve, em princípio, ter a competência para a preparação e formação da decisão); (2) competências implícitas complementares, necessárias para preencher lacunas constitucionais patentes através de leitura sistemática e analógica dos princípios constitucionais".[182]

Nossos Tribunais também admitem as denominadas competências implícitas. O Ministro Gilmar Mendes averba:

> Há muito a jurisprudência do Supremo Tribunal admite a possibilidade de extensão ou ampliação de sua competência expressa quando esta resulte implícita no próprio sistema constitucional. Nesse sentido, o precedente de relatoria do eminente e saudoso Ministro Luiz Galotti, nos autos da Denúncia n. 103, julgada em 5-9-1951.[183]

Por conseguinte, a competência é um plexo de dever/poder, atribuídos aos agentes públicos, órgãos públicos e às pessoas jurídicas, inclusive os entes federativos.

4.2 Divisão constitucional das competências

Em estados federados o pressuposto é a existência de repartição de competências. A repartição de tais competências vai depender de cada federação. A respeito do princípio da competência, Canotilho, quando apresenta os princípios estruturantes dos esquemas relacionais, averba:

> A função ordenadora dos actos normativos não assenta apenas numa hierarquização dos mesmos através de relações de supra infra-ordenação, mas também numa divisão espacial de competências. O princípio hierárquico

---

[182] CANOTILHO, José Joaquim Gomes. *Direito Constitucional e Teoria da Constituição*. 7. ed. Coimbra: Almedina, 2003. p. 545.

[183] MENDES, Gilmar F.; COELHO, Inocêncio M.; BRANCO, Paulo Gustavo G. *Curso de Direito Constitucional*. 5. ed. São Paulo: Saraiva, 2010. p. 1091.

acentua o carácter de limite negativo dos actos normativos superiores em relação aos actos normativos inferiores: o princípio da competência pressupõe antes uma delimitação positiva, incluindo-se na competência de certas entidades a regulamentação material de certas matérias (ex.: pertence às regiões autônomas legislar sobre as matérias de interesse específico para a região). O princípio da competência aponta para uma visão plural do ordenamento jurídico. Este não se reduz ao ordenamento estadual, pois em articulação com ele existem os ordenamentos regionais, os ordenamentos locais e os ordenamentos institucionais. De todo modo, ele não perturba o princípio da hierarquia e a configuração hierárquica da ordem jurídico-constitucional. Põe, todavia, em relevo um aspecto importante dos ordenamentos plurais: a existência de espaços normativos autônomos. Isto justifica a competência legislativa e regulamentar, por exemplo, das regiões autônomas em matérias que têm interesse específico para as regiões (cfr. art. 229, a, b e c) e o poder regulamentador das autarquias locais (art. 242). Por sua vez, a idéia do ordenamento estadual como ordenamento geral justificará ainda a supletividade do direito do Estado relativamente aos poderes normativos dos ordenamentos regionais ou dos ordenamentos locais. Finalmente, é ainda o princípio da competência a justificar a regulação de certas matérias por determinados órgãos, formando-se, assim, blocos de competências reservadas de determinadas matérias. [sic] [184]

Como muito bem aponta Daniela Campos Libório di Sarno, as competências de cada uma das unidades federativas foram traçadas em razão do primado do interesse, somado ao critério da territorialidade, a saber: a "União tem interesse geral; os Estados-membros, interesse regional; o Distrito Federal, interesse regional e local; e o Município, interesse local". [185]

Outro aspecto que vale ser pontuado é a questão da estrutura constitucional das competências do Estado Federal brasileiro. Uma breve leitura de nossa Lei Fundamental, mais precisamente dos arts. 21, 22, 23, 24, 25, 29 e 30, será suficiente para concluirmos que, do ponto de vista estrutural, temos uma construção verticalizada, ainda que não hierarquizada.

Por oportuno, registre-se aqui que, dada a complexidade do contexto, as possibilidades que a tecnologia apresentou para as relações, o agigantamento do meio urbano, a escassez de recursos naturais e outras tantas questões, cada vez mais o discernimento de interesse geral, regional ou local se torna mais difícil. Assim, a atualidade do tema e a necessidade de revisitá-lo sempre é medida que se impõe.

---

[184] CANOTILHO, José Joaquim Gomes, *Direito constitucional e teoria da constituição*, p. 681.
[185] LIBÓRIO, Daniela Campos. *op. cit.*, p. 62.

4.2.1 Competências da União

Dividem-se as competências da União em legislativas e não legislativas. Demais disso, importa salientar que o art. 22 traz em seu bojo as competências privativas da União, naquilo que diz respeito ao poder de legislar. Contudo, o parágrafo único deste mesmo dispositivo admite a hipótese de lei complementar autorizar aos Estados legislarem sobre matérias estabelecidas no artigo em comento. Trata-se, pois, de uma autorização constitucional que dispõe sobre uma eventual delegação de competências para os Estados-membros.

Afora isso, temos ainda as competências concorrentes, que podem ser levadas a efeito pela União como também pelos Estados, pelo Distrito Federal e pelos próprios municípios, e as competências relativas às tarefas não legislativas, nos termos do art. 23 que, em seu parágrafo único, também admite a edição de lei complementar fixadora de normas de cooperação entre os entes federados. Segundo entendimento de Celso Ribeiro Bastos, tal determinação veio a quebrar a rigidez das competências, admitindo, assim, que a União possa imiscuir-se em questões atribuídas a outros entes políticos.[186]

A seguir, no art. 24 ficam estabelecidas as matérias de competência concorrente da União com os Estados e Distrito Federal. Melhor dizendo, fica estabelecido que cabe à União a edição de normas gerais, ainda que nem sempre fique clara a correta distinção entre normas gerais e não gerais.[187]

---

[186] Bastos, Celso Ribeiro. *Curso de direito constitucional*, p. 434.

[187] Diogo de Figueiredo Moreira Neto, versando sobre a problemática das normas gerais, ensina que "a dificuldade de estabelecer um conceito apriorístico e uniforme de normas gerais, que sirva de chave ou de equação para selecionar, entre as numerosas preceituações que as matérias comportam, quais as que podem ser retidas, como 'gerais', na competência superior da União. Pode-se dizer, por exemplo, em pleno âmbito das expressões imprecisas, que as normas gerais serão os lineamentos fundamentais da matéria, serão as estipulações que apenas darão estrutura, plano e orientação. Pode-se conceituar ainda, pelo efeito indireto e fracionário de negativas, que serão aquelas que não especificarão procedimentos, que não criarão direções e serviços, que não selecionarão e discriminarão atividades, que não preceituarão para a emergência, para a oportunidade, a modalidade especial e para o caso ocorrente, que não descerão a minucias e requisitos. Mas em nada disto estará um conceito compacto previdente e seletivo, que possa servir de critério único para decidir entre o que sejam normas gerais e o que sejam normas especiais ou específicas". O autor, ainda traz uma compilação sobre normas gerais, segundo o entendimento de vários autores "A tabulação das diversas colocações doutrinarias, trazidas a este trabalho, resultantes da elaboração de diversos autores, permite a identificação de certas características mais comuns e frequentemente indicadas. Sintetizando-as a partir dessas características, as normas gerais seriam institutos que estabelecem princípios, diretrizes, linhas mestras e regras jurídicas gerais (BULHER MAUNZ, BURDEAU, PONTES, PINTO FALCAO, CLAUDIO PACHECO, SHAID MALUF, JOSE AFONSO DA SILVA, PAULO DE BARROS CARVALHO, MARCO AURELIO GRECCO); não podem entrar em

No que concerne às normas gerais, não há um consenso na doutrina. Uma vertente afasta a possibilidade de que as normas gerais possam dispor sobre detalhes e minúcias da matéria regulada.[188] Diogo de Figueiredo Moreira Neto averba sobre a dificuldade de conceituar o tema:

---

pormenores ou detalhes nem muito menos, esgotar o assunto legislado (MATZ, BUHLER, MAUNS, PONTES, MANOEL GONCLAVES FERREIRA FILHO, PAULO DE BARROS CARVALHO E MARCO AURELIO GRECCO); devem ser regras nacionais, uniformemente aplicáveis a todos os entes púbicos (PINTO FALCAO, SOUTO MAIOR BORGES, PAULO DE BARROS CARVALHO, CARVALHO PINTO E ADILSON ABREU DALLARI); devem ser regras uniformes para todas as situações homogêneas (PINTO FALCÃO, CARVALHO PINTO E ADILSON ABREU DALLARI); só cabem quando preencham lacunas constitucionais ou disponham sobre áreas de conflito (PAULO DE BARROS CARVALHOS e GERALDO ATALIBA); devem referir-se a questões fundamentais (PONTES E ADILSON ABREU DALLARI); são limitadas, no sentido de não poderem violar a autonomia dos Estados (PONTES, MANOEL GONCALVES FERREIRA FILHO, PAULO DE BARROS CARVALHO E ADILSON ABREU DALLARI); não soa normas de aplicação direta (BURDEAU E CLAUDIO PACHECO)". Após isso o autor traz a sua sistematização quanto às normas gerais. Destacamos i. declaram um valor juridicamente protegido; ii. confirmam um padrão vinculatório para a norma particularizante; iii. vedam o legislador e o aplicador de agirem em contrariedade ao valor nelas declarado, e, além distintamente dos princípios; iv. Aplicam-se concreta e diretamente as relações e situações especificas no âmbito de competência administrativa federal; v. Aplicam-se concreta e diretamente as relações e situações especificas no âmbito de competência administrativa estadual (ou municipal), sempre que o Estado-membro (ou Município) não haja exercido sua competência concorrente particularizante; vi. Aplicam-se concreta e diretamente as relações e situações específicas no âmbito de competência administrativa estadual (ou municipal), sempre que o Estado-membro (ou Município) haja exercido sua competência concorrente particularizante em contrariedade aos valores nelas declarados. In: Competência concorrente limitada – O problema da conceituação das normas gerais. *Revista de Informação Legislativa* a. 25, n. 100, out./dez. 1988. p. 143; 149; 150; 155; 156.

[188] Manoel Gonçalves Ferreira Filho, não sem reconhecer a dificuldade de se discernir, nos casos concretos, as normas gerais das particularizantes, também identifica as primeiras com "princípios, bases e diretrizes que hão de presidir todo um subsistema jurídico" (*Comentários à Constituição Brasileira de 1988*. vol. 1. São Paulo: Saraiva, 1990, p. 195). Para Uadi Lammêgo Bulos, "normas gerais são declarações principiológicas dirigidas aos legisladores, condicionando-lhes a ação legiferante. Recebem a adjetivação de 'gerais', porque possuem um alcance maior, uma generalidade e abstração destacadas, se comparadas àquelas normatividades de índole local. Consequência disso, elas não se prestam a detalhar minúcias, filigranas ou pormenores" (*Constituição Federal Anotada*. São Paulo: Saraiva, 2009, p. 575). Walber de Moura Agra, citando o estudo de Moreira Neto, assinala que as normas gerais não podem ser exaustivas, "devendo apresentar acentuado critério de generalidade e abstração" (Delineamento das competências federativas no Brasil. In: NOVELINO, Marcelo; ALMEIDA FILHO, Agassiz. *Leituras complementares de Direito Constitucional*: Teoria do Estado. Salvador: Juspodivm, 2009. p. 202). Elival da Silva Ramos, ainda na vigência da emenda, afirmava que: "Embora o conceito de normas gerais seja timbrado por uma certa dose de imprecisão, não faculta ao legislador federal a regulação exaustiva da matéria, posto que importa em circunscrever as normas federais ao campo da generalidade, dos princípios básicos" (Normas gerais de competência da União e competência supletiva dos Estados: a questão dos agrotóxicos. In: *Revista de Direito Público*, ano XIX, n. 77, jan./mar. 1986. p. 130).

Surge logo a dificuldade de estabelecer conceito apriorístico e uniforme de normas gerais, que sirva de chave ou equação para selecionar, entre as numerosas preceituações que as matérias comportam, quais as que podem ser retiradas como 'gerais, na competência superior da União. Pode –se dizer, por exemplo, em pleno âmbito das expressões imprecisas, que as normas gerais serão os lineamentos fundamentais da matéria, serão as estipulações que apenas darão estrutura, plano e orientação. Pode-se conceituar ainda, pelo efeito indireto e fracionário de negativas, que serão aquelas que não especificarão, que não aplicarão soluções optativas, que não concretizarão procedimentos, que não criarão direções e serviços, que não selecionarão e discriminarão atividades...Mas em nada disto estará um conceito compacto, previdente e seletivo que possa servir de critério único para decidir entre o que sejam normas gerais e que sejam normas especiais ou específicas.

José Afonso da Silva assevera que as normas gerais são normas de leis ordinárias ou complementares, produzidas pelo legislador federal nas hipóteses previstas na Constituição, que estabelecem princípios e diretrizes a ação legislativa da União, Estados e dos Municípios.[189]

Na outra vertente, há vozes que sustentam a possibilidade de as normas gerais regularem especificidades, não só dispensando o legislador estadual, mas impedindo que este disponha de maneira diversa. Alice Gonzales Borges preleciona:

> [...] exigência de generalidade e abstração da norma há de ser atenuada, quando a enunciação de alguns detalhes seja essencialmente necessária para assentar regras de atuação, de maneira a prevenir possíveis conflitos de atribuições entre as entidades locais, nos assuntos de competência concorrente das ordens federadas. [...] Ainda quando certos pormenores e minúcias sejam, então, editados pela norma, trata-se, em tais casos, de atendimento à plena realização do preceito constitucional que o funda-menta – o que é, segundo vimos, o precípuo objetivo que justifica a própria existência da norma geral.

Especificamente no que diz respeito às normas gerais urbanísticas, estas devem estabelecer os conceitos basilares de sua forma de atuação e determinem os instrumentos para sua execução, na medida em que a norma geral se presta a indicar o caminho a ser seguido para estabelecer o desenvolvimento urbano, os instrumentos de intervenção urbanística, diretrizes para o planejamento, tudo para alcançar a melhoria da qualidade de vida.

---

[189] SILVA, José Afonso da. *Direito urbanístico brasileiro*, p. 63.

De todo modo, se a União, por inércia, não houver legislado sobre normas gerais, poderão os Estados e o Distrito Federal legislar livremente. Doutra parte, havendo normas gerais poderão os Estados e Distrito Federal legislar apenas sobre normas específicas, assim entendidas como aquelas de interesse específico dos entes federados em questão.

4.2.2 Competências dos Estados

O art. 25 §1º da Constituição Federal traz a denominada regra de ouro das competências estaduais, reservando-se aos Estados as competências que não lhes sejam vedadas por nossa Lei Maior.

É de bom alvitre lembrar, por pertinente, que cabem aos Estados não só as competências que não lhes sejam vedadas, como também aquelas enumeradas em comum com a União e Municípios, nos termos do art. 23, bem como as competências exclusivas nos termos do art. 25, §§2º e 3º.

Registre-se, por relevante que é, ao menos no contexto do presente trabalho, que é no art. 25, §3º da Constituição Federal que se encontra inserta a competência dos Estados, mediante lei complementar, instituir regiões metropolitanas, aglomerações urbanas e microrregiões, constituídas por agrupamentos de municípios limítrofes, para integrar a organização, o planejamento e a execução de funções públicas de interesse comum que, oportunamente, será alvo de nossas considerações.

4.2.3 Competências dos municípios

De seu turno, o art. 30 traz as competências municipais, valendo destacar aquela constante do inciso I que estabelece a hipótese de o município legislar sobre assunto de interesse local,[190] ainda que não se exclua a existência de eventual interesse estadual e mesmo o nacional.

Sobremais disso, o inciso II do art.30 atribui ao município a suplementação da legislação federal e estadual, naquilo que couber. Celso Ribeiro Bastos observa que as competências municipais foram acrescidas em relação à Constituição anterior, podendo agora suprir omissões da legislação federal e estadual, dando significativa expressão legislativa aos interesses locais, observando-se, assim, as particularidades de cada município.[191]

---

[190] Antes da Constituição de 1988, utilizava-se para determinar a competência municipal a expressão 'peculiar interesse' que, a nosso ver, não possui qualquer antinomia com a expressão 'interesse local'.

[191] BASTOS, Celso Ribeiro. *Por uma nova federação*, p. 451-452.

CAPÍTULO IV
COMPETÊNCIA URBANÍSTICA EM MATÉRIA URBANA | 105

Lúcia Valle Figueiredo assinala, ainda, que o art. 30, ao dispor sobre a competência do município para legislar sobre assuntos de interesse local, além de estabelecer uma competência concorrente, também estabeleceu, ainda que indiretamente, uma competência específica, se a matéria for de interesse exclusivamente local.[192]

4.3 O interesse local

Comungando do entendimento de Luís Roberto Barroso, a inteligência do art. 30, V de nossa Lei Maior sustenta-se no princípio da subsidiariedade, pelo qual todos os serviços dotados de um interesse tipicamente local, e que possam ser prestados de forma adequada pelo munícipio serão prestados pelo ente federativo em questão.[193]

Entretanto, impende, pois, trazer o conceito de interesse local. Para tanto, e examinando o dispositivo constitucional sobrefalado, salta aos olhos que o legislador constitucional se omitiu de ofertar qualquer definição daquilo que pode ser entendido como interesse local, dando, assim, uma elasticidade ao aludido comando constitucional.

Ainda que não tenhamos diretrizes mais amplas, é fato inarredável que o interesse local tem como vetor a prestação de determinados serviços públicos, bem como a realização de determinadas atividades, tais como obras e serviços de infraestrutura urbana, que estejam no plano específico do interesse municipal. Nesse sentido, assinala Luís Roberto Barroso:

> A rigor todo e qualquer serviço apresentara, em última instância, uma dose de interesse local, ao passo que dificilmente algum serviço local será indiferente aos interesses regionais e mesmo nacionais.[194]

Embora os serviços ou obras estejam intrinsecamente coactados ao interesse local, não se põe a dúvida que qualquer uma dessas atividades não poderá ser classificada como interesse exclusivo de dado munícipio. É evidente que um mesmo serviço, ainda que de interesse local e, portanto, de competência municipal, poderá também ensejar

---

[192] FIGUEIREDO, Lúcia Valle. Competências administrativas dos Estados e Municípios. *Revista de Direito Administrativo*, v. 207, 1997. p. 2. Disponível em: <http://bibliotecadigital.fgv.br/ojs/index.php/rda/article/view/46934/46290>. Acesso em: 23 jul. 2016.

[193] BARROSO, Luís Roberto. Saneamento básico competências constitucionais da União, Estados e Municípios. *Revista Eletrônica de Direito Administrativo Econômico – RDAE*, n.11, 2007, p. 10.

[194] BARROSO, Luís Roberto. Saneamento básico competências constitucionais da União, Estados e Municípios. *Revista Eletrônica de Direito Administrativo Econômico – RDAE, n.11*, 2007, p. 261.

o interesse regional, em razão dos mais diversos fatores, notadamente em razão das circunstâncias de sua prestação e desde que extrapole os limites municipais.

Portanto, a questão da atividade – serviço ou obra – não passa de uma diretriz, mas, sem duvida alguma, elemento insuficiente para se chegar a conceituação daquilo que devemos entender por interesse local. Isso porque é cristalino que a expressão 'interesse local' se constitui em conceito jurídico indeterminado, havendo, pois, uma zona de certeza positiva – quando se reconhece a existência de um interesse predominantemente local – e uma zona de certeza negativa – quando não se reconhece a existência de um interesse predominantemente local.

Demais disso, o que se conclui é que a expressão 'interesse local' deve ser alvo de interpretação perante o caso em concreto, como, aliás, observa Hely Lopes Meirelles:

> O critério do interesse local e sempre relativo ao das demais entidades. Se sobre determinada matéria predomina o interesse do Município em relação ao Estado-membro e ao da União, tal matéria e da competência do Município. (...) A aferição, portanto, da competência municipal sobre serviços públicos locais há de ser feita em cada caso concreto, tornando-se como elemento aferidor o critério da predominância do interesse, e não o da exclusividade, em face das circunstancia de lugar, natureza e finalidade do serviço.[195]

Hely Lopes Meirelles, acertadamente, refere-se a uma predominância de interesse do Município perante o caso em concreto.

De sua vez, Diogo de Figueiredo Moreira Neto sistematizou os elementos que podem identificar o interesse local dos Municípios conforme o entendimento de diversos autores:

> Com essas achegas doutrinárias já se podem tabular alguns elementos que podem identificar o interesse local dos municípios:
> 1. predominância do local (Sampaio Doria);
> 2. interno as cidades e vilas (Black);
> 3. que se pode isolar (Bonnard);
> 4. territorialmente limitado ao município (Borsi);
> 5. sem repercussão externa ao município (Moukheli);
> 6. próprio das relações de vizinhança (Jellinek);

---

[195] MEIRELLES, Hely Lopes. *Direito municipal brasileiro*. 13. ed. São Paulo: Malheiros, 2013. p. 322.

7. simultaneamente oposto a regional e nacional (legal);
8. Dinâmico (Dallari).[196]

Assim, ainda que os mais diversos autores se utilizem de maneiras outras de dizer sobre o interesse local, a questão do critério da predominância e da necessidade de uma interpretação perante o caso em concreto são elementos indissociáveis para se conceituar a expressão 'interesse local'.

Logo, o interesse local não poderá ser visto com algo estático, na medida em que as atividades públicas, genericamente consideradas, são alteradas através dos tempos, e em razão dos mais diversos fatores, tais como as necessidades da sociedade e, principalmente, em razão do desenvolvimento tecnológico.

Disto deflui que o interesse local, intrinsicamente, tem um elemento dinâmico, que o faz ser alterado em lapsos temporais determinados por fatores sociais e tecnológicos.

Deveras, o interesse local é aquele que se refere a serviços e ou obras que interessam preponderantemente a determinado município em determinado lapso temporal, exigindo do intérprete, para se chegar a esta conclusão, o minucioso exame do caso em concreto.

4.4 O interesse comum

Outro aspecto que não podemos nos furtar de examinar se circunscreve ao interesse comum.

Entenda-se, portanto, que se existem serviços que em razão de determinados condicionantes se configura como de interesse prevalentemente local, existem outros de interesse comum de um conjunto de municípios, podendo, assim, exigir uma atuação estatal, nos termos do art. 25, parágrafo 3º da nossa Lei Fundamental.

A respeito do interesse comum, ensina Caio Tácito:

O conceito de interesse comum, a ser aferido pelo legislador estadual mediante um juízo político de valor, sobrepõe-se ao conceito primário do interesse local, que qualifica a competência municipal. A lei complementar estadual, instituidora da região metropolitana, afirma a íntima correlação de interesses que, em benefício do princípio da continuidade, da produtividade e da eficiência, torna unitária e coordenada, em entidade própria, segundo a lei complementar, a gestão de serviços e atividades

---

[196] MOREIRA NETO, Diogo de Farias. Poder concedente para o abastecimento de água. *Revista de Direito da Associação dos Procuradores do Novo Estado do Rio de Janeiro*, n.1, 1999. p. 66-67.

originariamente adstritos à administração local. A avocação estadual de matéria ordinariamente municipal não viola a autonomia do Município na medida em que se fundamenta em norma constitucional, ou seja, em norma de igual hierarquia. É a própria Constituição que, ao mesmo tempo, afirma e limita a autonomia municipal. A eficácia da lei complementar instituidora da região metropolitana prescinde, consequentemente, de anuência ou prévio consentimento do município cujos serviços passam a integrar a competência comum concentrada na administração regional.[197]

Com efeito, o legislador constitucional colocou os municípios e os Estados como concedentes de uma função pública de interesse comum. Nessa linha de entendimento, Alaôr Caffé Alves anota:

Aqui, o poder originário concedente de serviços ou funções comuns são os Municípios e o Estado, vez que somente estes possuem corpos legislativos para regrar sobre os serviços públicos de interesse regional. Entretanto, mediante um condomínio legislativo (obtido mediante o exercício de competências comuns e concorrentes complementares e supletivas), aqueles entes políticos poderão e deverão, por exigência constitucional, criar as condições para a organização intergovernamental administrativa pública (uma espécie de autarquia territorial plurifuncional) para ser o titular (derivado) do exercício de competências relativas às funções públicas de interesse comum. Vale dizer que o Estado cria e organiza tal entidade administrativa pública, mediante lei complementar, mas não pode deixar, sob pena de inconstitucionalidade da medida, de admitir a participação dos Municípios metropolitanos (ou integrantes das aglomerações urbanas ou microrregiões) para decidirem sobre os assuntos regionais que, em última instância, são também de seu interesse (local).[198]

As lições de Alaôr Caffé são claras ao dispor que o Estado, ao criar a figura regional, não poderá, de forma solitária e individual, gerenciar as funções públicas consignadas como de interesse comum, posto que tal hipótese entraria em testilha com a Constituição Federal.

Em última análise, a titularidade e gerenciamento das denominadas funções públicas de interesse comum serão partilhas entre Estado e Municípios. Esse foi o entendimento do STF na ADIN 2.809 – RS:

AÇÃO DIRETA DE INCONSTITUCIONALIDADE. REGIÃO METROPOLITANA. INTERESSES COMUNS. PODER LEGISLATIVO ESTADUAL. LEGITIMIDADE. MUNICÍPIOS LIMÍTROFES. LEI COMPLEMENTAR. VÍCIO FORMAL E MATERIAL NA LEI.

---

[197] TÁCITO, Caio. Saneamento básico - região metropolitana - competência estadual. *Revista de Direito Administrativo*, Rio de Janeiro, v. 213, jul./set. 1998. p. 324.

[198] ALVES, Alaôr Caffé. *Regiões Metropolitanas, aglomerações urbana e microrregiões novas dimensões constitucionais da organização do Estado Brasileiro, op. cit.,* p. 2.

INEXISTÊNCIA. INOBSERVÂNCIA AO ARTIGO 63 DA CONSTITUIÇÃO FEDERAL. ALEGAÇÃO IMPROCEDENTE. 1. Região metropolitana. Municípios limítrofes. Observância do disposto no artigo 25, §3º, da Carta Federal, que faculta ao estado-membro criar regiões administrativas compostas de municípios limítrofes, destinadas a regular e executar funções e serviços públicos de interesses comuns. 2. Criação de regiões metropolitanas. Exigência de lei complementar estadual. Inclusão de município limítrofe por ato da Assembleia Legislativa. Legitimidade. Constitui-se a região administrativa em um organismo de gestão territorial compartilhada em razão dos interesses comuns, que tem no Estado-membro um dos partícipes e seu coordenador, ao qual não se pode imputar a titularidade dos serviços em razão da unidade dos entes envolvidos. Ampliação dos limites da região metropolitana. Ato da Assembleia Legislativa. Vício de iniciativa. Inexistência.[199]

Para gerenciamento das atividades de gestão compartilhada, entendemos que deve ser criada pessoa jurídica de direito público na forma autárquica de caráter intergovernamental, que deverá desenvolver as atividades administrativas necessárias, cuja participação do Estado é estruturante e fundamental, na medida em que a instituição da região metropolitana é de sua competência. Mais uma vez, Caio Tácito:

> Evidencia-se, por esta forma, no sistema das Regiões Metropolitanas a presença dominante da gestão estadual. O interesse comum sobreleva, em suma, ao interesse local. O agrupamento de municípios, gerado em lei complementar específica (antes federal e, agora, estadual), exprime um grau de afinidade e de necessária unidade operacional que sobrepõe aos serviços locais a continuidade de serviços comuns a serem integrados em uma administração unificada. A Região Metropolitana representa uma comunhão de urbes que fez nascer o neologismo, que já ingressou no Dicionário Aurélio: conurbação (con+urbe+ação) - "conjunto formado por uma cidade e seus subúrbios, ou por cidades reunidas, que constituem uma sequência, sem contudo, se confundirem.[200]

Em nosso entender, a titularidade da atividade administrativa é da entidade pública administrativa criada que, em verdade, representa todos os entes governamentais envolvidos que, paritariamente,[201] deverão participar das funções necessárias ao implemento das funções públicas de interesse comum.

Claro está, todavia, que tudo isso se justifica na medida em que os municípios, de forma isolada, não são capazes de prestar os serviços

---

[199] STF – Tribunal Pleno, ADIN 2.809 RS. Rel. Min. Mauricio Correa, j. 25.9.2003, DJ 30.4.2004.
[200] TÁCITO, Caio. *Saneamento básico* [...], *op. cit.*, p. 325.
[201] A paridade dos entes envolvidos será tema do capítulo que trata de governança.

necessários, ensejando, a título de solução mais adequada, a colaboração do Estado, enquanto autoridade regional. Cumpre-nos assinalar que é nesse fato que reside a transição entre o interesse local do Município para o interesse regional do Estado. Aqui não se discute sobre a competência, mas na condição real de deslocamento do interesse, que por si obriga uma solução compartilhada entre os integrantes da região metropolitana.

Hely Lopes Meirelles observa que a solução adotada em grandes cidades, tais como Paris, Los Angeles, São Francisco, Toronto, Londres e Nova Délhi, foi o estabelecimento de uma área de serviços unificados – Região Metropolitana. Anota, ainda, o autor que a complexidade e o alto custo das obras e serviços de caráter intermunicipal não permitem que as prefeituras as realizem de forma isolada, até porque não se trata de um interesse local, mas sim de caráter regional, capaz de afetar o Estado e, não raro, a União.[202]

Vale dizer que o interesse regional se encontra pautado pela imposição do interesse público, de natureza indisponível, que deve ser efetivamente realizado e devidamente estruturado com a necessária organização, qualidade e celeridade, em homenagem ao princípio constitucional da eficiência.

Em se falando da natureza indisponível do interesse público, digno de nota é o entendimento de Luís Roberto Barroso:

> [...] o entendimento da doutrina e o de que a associação a região metropolitana e compulsória para os Municípios. Ou seja, editada a lei instituidora a região metropolitana – atualmente, nos termos do art. 25, §3º da Constituição, uma lei complementar estadual – não podem os Municípios se insurgir contra ela. E isso porque o elemento local, particular, não pode prejudicar o interesse comum, geral se a associação não fosse compulsória, faleceria a utilidade da instituição da região metropolitana para o atendimento do interesse público regional de forma mais eficiente. Toda a população da região seria prejudicada peoa ação ilegítima da autoridade local, mesmo porque, a essa altura, os serviços em questão não podem mais ser considerados como de predominante interesse local.[203]

Alaôr Caffé Alves, entendendo de igual modo, afirma que o comando constitucional tem um caráter realizador, de forma que, mediante a edição de lei complementar, estabelece um agrupamento compulsório de municípios, motivo pelo qual os entes locais não teriam a liberdade de isolar-se.

---

[202] MEIRELLES, Hely Lopes. *Direito municipal brasileiro*, p. 82-83.
[203] BARROSO, Luís Roberto. *Saneamento básico* [...], *op. cit.*, p. 14.

CAPÍTULO IV
COMPETÊNCIA URBANÍSTICA EM MATÉRIA URBANA | 111

Por fim, há em nosso sistema normativo instrumentos, tais como o convênio ou o consórcio,[204] artigo 241 da constituição Federal, que poderão ser celebrados a guisa de concretização do interesse comum. Contudo, diante da obrigação imposta pelo Estatuto da Metrópole, Lei nº 13.089/2015, ao se estabelecer a governança interfederativa tais instrumentos são frágeis para levar a efeito o planejamento e execução das funções públicas de interesse comum. Pelo que reafirmamos a criação de uma Autarquia Territorial.

4.5 Funções públicas de interesse comum

É bom que se diga, desde logo, que uma boa parte da doutrina sobre o tema em questão foi elaborada sob a égide das Constituições de 1967 e de 1969, ainda que a terminologia utilizada – serviço comum – fosse outra.

Assim é que Eurico de Andrade Azevedo, examinando o art. 164 da Constituição de 1967, modificada pela Emenda nº 1 de 1969, observa que o constituinte deixou de trazer qualquer parâmetro para conceituar serviços comuns, entendendo, ao final, que o conteúdo jurídico desta expressão somente poderia significar o interesse da região metropolitana, dando origem a noção de peculiar interesse metropolitano.[205]

Para o autor, a Lei Complementar nº 14/73 teve o mérito de introduzir o conceito de interesse metropolitano, trazendo ainda alguns serviços considerados comuns ao municípios da região.[206]

Acrescente-se a tudo isso o conceito de interesse metropolitano de Eurico de Andrade Azevedo:

> Fica entendido que são de interesse metropolitano as etapas e parcelas dos serviços que foram predominantemente regionais. Continuam na alçada Municipal as fases dos serviços relacionados na Lei 14 que sejam de interesse local, o que não significa que os Municípios não tenham de compatibilizar o planejamento e a execução dos serviços de sua competência ao planejamento metropolitano.[207]

---

[204] Lei Federal nº 11.107/2005, regulamentada pelo Decreto Federal nº 6.017/2007.

[205] AZEVEDO, Eurico de Andrade. Regiões Metropolitanas no Brasil e seu Regime Jurídico. In: *Estudos sobre o amanhã – Regiões Metropolitanas*. Caderno n. 1. Coedição Instituto Metropolitano de Estudos e Pesquisas Aplicadas da FMU (Imepa). São Paulo: Resenha Universitária, 1978. p. 131.

[206] A Lei Complementar nº 14/73 criou as regiões metropolitanas de São Paulo, Belo Horizonte, Porto Alegre, Recife, Salvador, Curitiba, Belém e Fortaleza, com sustentáculo na Constituição de 1968.

[207] AZEVEDO, Eurico de Andrade. *Regiões Metropolitanas no Brasil* [...], p. 139.

As considerações precedentes, embora formuladas em razão da égide das Constituições anteriores, não podem ser desprezadas por sua contribuição para o desenvolvimento do tema. De qualquer sorte, hodiernamente temos, nos termos do art. 25, §3º, da Constituição Federal, que os Estados poderão, mediante lei complementar, instituir regiões metropolitanas, aglomerações urbanas e microrregiões, constituídas por agrupamentos de municípios limítrofes, para integrar a organização, o planejamento e a execução de funções públicas de interesse comum.

Sem qualquer delonga, vamos fixar nossos esforços na questão das funções públicas de interesse comum. *Prima facie*, e para melhor entender o sentido da expressão em comento, nos termos de nossa Lei Maior, faz-se impositivo fixar o conteúdo jurídico de função pública.

Seabra Fagundes observa que existem duas funções fundamentais do Estado: uma de caráter legislativo, que se encontra vinculada à formação do direito e, ao lado desta, uma outra que importa na execução do direito, de natureza executiva e jurisdicional.[208]

Por sua vez, Celso Antônio Bandeira de Mello assinala que em um Estado Democrático de Direito a função pública deve ser entendida como *atividade exercida no cumprimento do dever de alcançar o interesse público, mediante o uso dos poderes necessários conferidos pela ordem jurídica.*[209]

Perpassando ambos os conceitos, deve-se entender que o conceito de função pública é bastante abrangente, abarcando todas as funções do Estado e não só a função administrativa que, corriqueiramente, discutimos no direito administrativo.

Interpretando o art. 25, §3º de nossa Lei Fundamental, forçoso é concluir que as funções públicas deverão constar explicitamente de Lei Complementar, mediante, portanto, aquilo que Oswaldo Aranha Bandeira de Mello denominava de função integrativa do Estado.[210]

É dizer, em última análise, que cabe a cada Estado, ao instituir as regiões metropolitanas, estabelecer, mediante um critério técnico que, necessariamente, há de se passar pelo plano político e observadas as peculiaridades de cada um, o que deverá ser considerado como função pública de interesse comum.

Alaôr Caffé Alves, ao se debruçar sobre o tema, afirma que a doutrina se utiliza de dois critérios para identificar funções públicas

---

[208] FAGUNDES, Miguel Seabra. *O controle dos atos administrativos pelo Poder Judiciário*. 6. ed. São Paulo: Saraiva, 1984. p. 2-3.

[209] BANDEIRA DE MELLO, Celso Antônio. *Curso de direito administrativo, op. cit.*, p. 29.

[210] BANDEIRA DE MELLO, Oswaldo Aranha. *Princípios de direito administrativo*. v. I. Rio de Janeiro: Forense, 1969. p. 34-37.

ditas de interesse comum – critério legal e critério decorrente da natureza do interesse comum:

a) o do ponto de vista da jurisdição metropolitana definida a 'priori' sobre determinadas funções públicas listadas e descritas dogmaticamente na lei complementar que instituir a região, ou b) o da seleção 'ad hoc', conforme o exame das características intrínsecas e contextuais pelas quais determinadas funções públicas passam a ser de interesse comum, objetivando, com a aplicação dos critérios disponíveis, identificar-se a organização governamental de âmbito adequado para assumi-lo.[211]

Entendemos que o critério da natureza jurídica do interesse comum não se revela o melhor em razão de ser muito genérico e, portanto, ao sabor das mais diversas interpretações.

Assim, o primeiro critério, sustentado no principio da legalidade, traz maior segurança, além de atender aos ditames do art. 25, §3º da Constituição Federal, naquilo que é pertinente à necessária edição de Lei Complementar.

Aliás, este é o entendimento de Caio Tácito ao sustentar que o interesse comum deve ser devidamente delimitado pelo legislador estadual, mediante um juízo político.[212]

Doutra parte, mas na mesma linha de entendimento, Sergio Ferraz, com sustentáculo ainda na Constituição de 1969, ensina que a ideia de serviço comum deve ser regulamentada por lei.[213]

Necessário registrar que, no caso em questão, o legislador estadual possui competência discricionária para a criação das figuras regionais. Porém, essa lei encontra-se intimamente vinculada a aquilo que se delimitará por interesse comum, sustentada, necessariamente, em parâmetros técnicos, advindos de estudos e pareceres.[214]

Assim, entendendo-se que cabe à Lei Complementar trazer em seu bojo as funções públicas de interesse comum, o Estado de São Paulo editou a Lei Complementar nº 760/1994, estabelecendo diretrizes para a organização regional.

---

[211] ALVES, Alaôr Caffé. Regiões Metropolitanas, Aglomerados Urbanos e Microrregiões: novas dimensões constitucionais da organização do Estado brasileiro. *Revista de Direito Ambiental*, a. 6, n. 21, jan./mar. 2001. p. 80.

[212] TÁCITO, Caio. Saneamento básico [...], *op. cit.* p. 345-347.

[213] FERRAZ, Sergio. Regiões metropolitanas no direito brasileiro. *Revista de Direito Público (RDP)*, n. 37-38, ano VII. São Paulo: Revista dos Tribunais, 1976. p. 20-21.

[214] Por analogia, temos o caso de "aposentadoria por invalidez, a decisão da administração fica vinculada a laudo técnico, fornecido pelo órgão especializado competente, que concluirá sobre a invalidez ou não para o trabalho, não resta margem de discricionariedade". DI PIETRO, Maria Sylvia Zanella. *Curso de direito administrativo*. São Paulo: Atlas, 2015. p. 223.

A par disso, editou-se também a Lei Complementar nº 1139/2011, reorganizando a Região Metropolitana de São Paulo, baseada na indigitada Lei Complementar nº 760/1994, prevendo em seu art. 12 que o Conselho de Desenvolvimento especificará as funções públicas de interesse comum ao Estado e aos Municípios da Região Metropolitana do Estado de São Paulo.

Observe-se, ainda, que o art. 3º, do Capítulo VI – Das Disposições Transitórias da Lei Complementar nº 1.139/11 determina que enquanto o Conselho de Desenvolvimento não especificar as funções públicas de interesse comum, prevalecerão as compreendidas nos seguintes campos funcionais: i) planejamento e uso do solo; ii) transporte e sistema viário regional; iii) habitação; iv) saneamento ambiental; v) meio ambiente; vi) desenvolvimento econômico; vii) atendimento social; viii) esportes e lazer.

É de se ver que a questão conceitual da expressão função pública de interesse comum e bastante complexa. O ministro Ricardo Lewandoswki, no julgamento da ADIN 1842, formulou o seguinte conceito:

> As funções públicas de interesse comum, inconfundíveis com aqueles de interesse exclusivamente local, correspondem, pois, a um conjunto de atividades estatais, de caráter interdependentes, levadas a efeito no espaço físico de um ente territorial, criado por lei complementar estadual, que une Municípios limítrofes relacionados por vínculos de comunhão recíproca.

Portanto, as funções públicas de interesse comum são aquelas determinadas pelos Estados federados, mediante Lei Complementar, observado um critério técnico,[215] que levará em conta os reflexos da função naquela comunidade regionalizada, e observadas as peculiaridades de cada um dos membros da federação.

---

[215] Repetimos o apontamento de Mariana Mêncio: O fato das leis atrelarem a criação de Regiões Metropolitanas, aglomerações urbanas e microrregiões aos critérios técnicos, não significa que estamos diante da discricionariedade técnica. Apesar de parte da doutrina entender tratar-se de atuação discricionária, baseada em apreciação técnica, adotamos o posicionamento de Maria Sylvia Zanella Di Pietro. A apreciação técnica não caracteriza margem de escolha do administrador, mas o exercício de competência vinculada, pois restringe a manifestação de vontade do legislador aos parâmetros técnicos da lei, comprovados em estudos e pareceres. Vide *O regime jurídico do plano diretor das regiões metropolitanas*. Tese (Doutorado) - Pontifícia Universidade Católica de São Paulo, São Paulo, 2015. p. 233.

4.5.1 Titularidade das funções públicas de interesse comum

A titularidade das funções públicas de interesse comum é tema que divide a doutrina, até porque a questão das regiões metropolitanas é assunto muito jovem, tendo sido institucionalizadas em 1973, quando a União, em seu viés autoritário, criou as referidas regiões e atribuiu encargos aos Estados.

A discussão perpassa pela questão da competência. Há quem entenda que não há interesse metropolitano e que o rol de serviços comuns da Lei Complementar 1/1973 não transfere as atribuições do município para o Estado, ou seja, a titularidade dos serviços permanece do município.[216]

Pedro Estevam Alves Pinto Serrano averba:

> Ao contrário do que muitos possam entender, a autonomia municipal não é dissipada parcialmente pelo Estado-membro quando da criação de uma Região metropolitana, na qual os serviços públicos e demais atividades desempenhadas são os de competência do respectivo Estado.
>
> Não deve ocorrer esta usurpação de autonomia municipal, pois ao Estado é possibilitado apenas atribuir à Região Metropolitana a gestão de serviços e atividades inseridas no âmbito de sua competência como ente federado.
>
> É vedado à lei complementar estadual que cria a Região Metropolitana atribuir à mesma, serviços e atividades de competência municipal, sob pena de ser eivada de inconstitucionalidade por descumprimento da norma constitucional que estabelece a esfera de autonomia municipal.[217]

Eros Grau manifesta-se no sentido de que as funções públicas de interesse comum são atribuição da administração intermunicipal:

> Neste caso incumbirá ao Estado-membro tão somente prover no sentido de integrar a organização, o planejamento e a execução das funções públicas de interesse comum, isto é, a execução dos serviços comuns. A prestação desses serviços corresponde a uma função (=dever-poder) de caráter intermunicipal.
>
> Essa prestação incumbe à administração intermunicipal, vale dizer, aos Municípios solidariamente, de modo integrado no que concerne à sua organização, a seu planejamento e à sua execução.

---

[216] SILVA, Isis Araújo. As regiões metropolitanas e a autonomia municipal. *Revista Brasileira de Estudos Políticos – Universidade Federal de Minas Gerais*, 1981. p. 20.

[217] SERRANO, Pedro Estevam Alves Pinto. *Região metropolitana e seu regime jurídico*. São Paulo:Verbatim, 2009. p. 161-162.

Ao Estado-membro incumbe, mediante lei-complementar instituir a Região Metropolitana, a aglomeração urbana ou a microrregião, dispondo a respeito daquela integração, naturalmente, sem qualquer comprometimento das autonomias municipais.[218]

Caio Tácito entende ser a Região Metropolitana forma de avocação de competência municipal pelo Estado-membro:

[...] a própria Constituição prevê limites ao exercício da autonomia municipal não somente na excepcionalidade traumática de intervenção federal ou estadual, em situações excepcionais, como na capacidade avocatória conferida aos Estados para, mediante lei complementar, instituir Regiões Metropolitanas, agrupamento de municípios limítrofes para integração de função pública de interesse comum.
[...]
A avocação estadual de matéria ordinariamente municipal não viola a autonomia do Município na medida em que se fundamenta em norma constitucional, ou seja, em norma de igual hierarquia. É a própria Constituição que, ao mesmo tempo, afirma e limita a autonomia municipal.[219]

Considerando o federalismo de cooperação brasileiro, Alaôr Caffé defende uma administração cooperada, mantendo-se incólumes as competências de cada ente federado:

Isto significa que a Constituição Federal preconiza a possibilidade de se instituir uma nova forma de administração regional, no âmbito dos Estados, como um corpo jurídico-administrativo territorial (autarquia territorial, intergovernamental e plurifuncional), sem personalidade política - visto que não poderia ter um corpo legislativo próprio - para o qual se conferem competências administrativas intergovernais, destinadas a integrarem a organização, o planejamento e a execução de funções públicas de interesse comum (artigo 25, §3º, da C.F.).
Aqui, o poder originário concedente de serviços ou funções comuns são os Municípios e o Estado, vez que somente estes entes possuem corpos legislativos para regrar sobre os serviços públicos de interesse regional. Entretanto, mediante um condomínio legislativo (obtido mediante o exercício de competências comuns e concorrentes complementares e supletivas), *aqueles entes políticos poderão e deverão, por exigência constitucional, criar as condições para a organização intergovernamental administrativa pública (uma espécie de autarquia territorial plurifuncional) para ser o titular*

---

[218] GRAU, Eros Roberto. Sobre a prestação, pelos munícipios, do serviço público de abastecimento de água. In: RODRIGUES, Francisco Luciano Lima (coord). *Estudos de direito constitucional e urbanístico*. São Paulo: RCS, 2007. p. 137.

[219] TÁCITO, Caio, *op. cit.*, p. 324.

(derivado) do exercício de competências relativas às funções públicas de interesse comum. Vale dizer que o Estado cria e organiza tal entidade administrativa pública, mediante lei complementar, mas não pode deixar, sob pena de inconstitucionalidade da medida, de admitir a participação dos Municípios metropolitanos (ou integrantes das aglomerações urbanas ou microrregiões) para decidirem sobre os assuntos regionais que, em última instância, são também de seu interesse (local).[220] (g.n.)

Comungo do mesmo entendimento de Alaôr Caffé Alves, a intelecção constitucional, sob o prisma do federalismo de cooperação, quando criada[221] a região metropolitana, impõe-se o compartilhamento de soluções dos problemas/serviços que foram identificados como comuns.

No que concerne a titularidade, ou melhor, quem será o poder concedente dos serviços públicos que integram o conceito de função pública de interesse comum?

Ora, no momento em que o estado-membro decide por criar a região deve obrigatoriamente admitir a participação dos municípios integrantes nas decisões sobre assuntos regionais, que são assuntos de interesse de cada municipalidade e do Estado-membro. Assim, Estado e Municípios deverão, de forma paritária, participar do gerenciamento das funções correspondentes, sendo que a titularidade da prestação de serviços comuns será da Autarquia Territorial criada para essa finalidade específica.

A prestação de serviço eficiente, utilizando as palavras de Antonio Marcos Capobianco, reclama "[...] a criação de novo arranjo institucional metropolitano [...] que arrefeça as autonomias e integre de fato os atuais entes horizontal e verticalmente e que, seja representativo dos governos locais da região".[222]

Portanto, a titularidade das funções públicas de interesse comum não integra o rol de competências do Estado-membro e dos municípios, mas devem ser executadas mediante o somatório das competências dos envolvidos, bem como de acordo com o consenso de todos.

---

[220] ALVES, Alaôr Caffé. Regiões Metropolitanas, Aglomerações [...], *passim.*

[221] Conforme manifestação prévia neste trabalho: necessário registrar que, no caso em questão, o legislador estadual possui competência discricionária para a criação das figuras regionais, não obstante a edição da lei e, portanto, daquilo que se delimitará por interesse comum, *será baseada em parâmetros técnicos, advindos de estudos e pareceres.*

[222] CAPOBIANCO, Antonio Marcos. Relações intergovernamentais na metrópole: adequação institucional para a ação. *Instituto de Estudos Avançados da Universidade de São Paulo,* São Paulo, 2004. p. 8.

Nesse passo, não é demais repetir que o artigo 25, parágrafo 3º da Constituição Federal atribui ao Estado-membro a criação da região metropolitana, aglomeração urbana ou microrregião, pelo que a titularidade das funções públicas de interesse comum será da entidade constituída[223] para este fim que contará com a participação de todos os envolvidos.

Ademais disso, estatuto da Metrópole, Lei Federal nº 13.089/2015,[224] estabelece que a titularidade das funções públicas de interesse comum pertence ao conjunto de entes integram a região metropolitana. Assim, a política urbana vai ganhando contornos firmes.

4.6 Da política urbana – o estatuto da cidade

O arranjo da federação brasileira, nossa conformação continental e hiatos socioeconômicos, consolidam e materializam dificuldades para a solução de diversos problemas enfrentados pelas cidades brasileiras. Assim, desde a Constituição de 1988[225] o fortalecimento jurídico e administrativo da política urbana é objeto de discussões. Leis de caráter geral e específico são editadas, e, a passos lentos, o nosso direito às cidades mais justas e equânimes é construído.

Com relação à reforma urbana me manifestei da seguinte forma:

A partir da década de 1930, ocorre o processo de intensificação do desenvolvimento brasileiro baseado na industrialização. As principais atividades econômicas não estavam mais associadas à agricultura, razão pela qual a população migrou das áreas rurais para as urbanas. Dessa forma, o Brasil é hoje um país predominantemente urbano, com mais de 80% da população vivendo em cidades. O êxodo rural provocou deslocamento do eixo populacional, e a cidade recebeu grande número de pessoas. Como essa recepção não foi pensada nem preparada, a cidade cresceu desordenadamente, e dessa realidade emergiu um hiato entre grupos populacionais urbanos. O viver na cidade implica acesso à educação, ao lazer, à saúde e a todas as

---

[223] Decisão na ADI-MC 2.77-BA: as funções administrativas e executivas da Região metropolitana somente podem ser exercidas por órgão próprio ou por órgão (público-privado) a partir da autorização ou concessão dos municípios formadores.

[224] Art. 6º. A governança interfederativa das regiões metropolitanas e das aglomerações urbanas respeitará os seguintes princípios:
I – prevalência do interesse comum sobre o local;
II – compartilhamento de responsabilidades para a promoção do desenvolvimento urbano integrado;

[225] Por iniciativa do governo, desde 1977 discutia-se uma proposta de lei nacional de reforma urbana, cujo principal crítica era a ausência de base constitucional, materializado no projeto de lei nº 775/1983, submetido ao Congresso Nacional, cuja tramitação foi barrada. E na Constituição de 1988 incluiu a espinha dorsal do referido projeto.

outras necessidades da vida cotidiana. Entretanto, a falta de infraestrutura mínima para a recepção de um enorme contingente de pessoas resulta na dura realidade de exclusão, ou seja, os benefícios da urbanização são inacessíveis para uma grande parcela da população.

Desse modo, surgiu uma luta em defesa do direito à cidade, à habitação digna, ao transporte e aos demais serviços públicos de qualidade. Isso tanto é verdade que, em janeiro de 1985, foi criado o Movimento Nacional pela Reforma Urbana (MNRU), com o objetivo de "reduzir os níveis de injustiça social no meio urbano e promover uma maior democratização do planejamento e da gestão das cidades". A sociedade civil se organiza registrando sua crítica e denúncia do quadro de desigualdade social. Essa nova ética social politiza a discussão sobre a cidade e formula um discurso e uma plataforma política dos movimentos sociais urbanos, em que o acesso à cidade deve ser um direito a todos os seus moradores e não uma restrição a apenas alguns ou aos mais ricos. A bandeira da reforma urbana se consolida não somente na perspectiva da articulação e unificação dos movimentos sociais por meio de uma plataforma urbana que ultrapassa as questões locais e abrange as questões nacionais, mas também na crítica da desigualdade espacial, da cidade dual. O resultado das reivindicações se materializa na Constituição Federal (CF) com a inserção do capítulo sobre política urbana, o que representou o início da afirmação da luta da sociedade organizada. Do regramento do texto constitucional, surge o Estatuto da Cidade, o qual tem como intuito modular a cidade para as pessoas, de modo a garantir que as gerações futuras possam usufruir de um ambiente apropriado para uma vida digna. A lei em questão estabelece normas de ordem pública e interesse social que regulam o uso da propriedade urbana em prol do bem coletivo, da segurança e do bem-estar dos cidadãos, bem como do equilíbrio ambiental. O Estatuto da Cidade regulamenta os artigos 182 e 183 da Carta Magna e tem por objetivo estabelecer as diretrizes gerais da política urbana. Em linhas gerais, a política urbana tem como finalidade ordenar o desenvolvimento das cidades, de modo a garantir a satisfação dos interesses coletivos e individuais dos habitantes. Nesse sentido, o artigo 2º do estatuto dispõe, expressamente, que os objetivos da política urbana são: o desenvolvimento da função social da cidade e da função social da propriedade.[226]

---

[226] Estado e mobilidade urbana, artigo de autoria de Antonio Cecilio Moreira Pires e Lilian Regina Gabriel Moreira Pires. Vide Mobilidade urbana: desafios e sustentabilidade. *I Encontro Internacional de Direito Administrativo Contemporâneo e os Desafios da Sustentabilidade: mobilidade urbana*. São Paulo: Ponto e Linha, 2016. p. 9-15.

A Constituição Federal de 1988 inseriu definitivamente o direito urbanístico como disciplina jurídica,[227] conferiu à União competência para editar suas normas gerais, bem como determinou que esse direito deve definir e implementar a política de desenvolvimento urbano, estabelecendo que a sua finalidade é ordenar o pleno desenvolvimento das funções sociais da cidade e garantir o bem-estar de seus habitantes.[228]

A política urbana é política espacial e tem por finalidade ordenar e planejar os espaços, visando à criação de condições para a fruição de vida com qualidade e de forma igualitária, de modo que a distribuição dos serviços e dos equipamentos públicos esteja ao acesso do maior número de pessoas possível.

Em meu sentir, se me afigura imperioso a necessidade de se conjugar a política urbana conjuntamente com a política econômica, com a de transportes, com a de energia, de saneamentos etc.

Assim, a Constituição Federal gizou o campo temático desse jovem direito, delineando a política espacial e seus instrumentos, materializado no planejamento, no parcelamento ou edificação compulsória, na instituição do IPTU progressivo, na concessão de uso e usucapião de imóvel urbano.

Na sequência, e valendo-se das competências estabelecidas nos artigos 21, XX, e 24, I da Constituição Federal, foi editada a Lei Federal nº 10.257/2001, denominada Estatuto da Cidade, que estabeleceu as diretrizes gerais da política urbana.[229]

---

[227] A afirmação da identidade e abrangência do direito urbanístico ainda é relevante, na medida em que, não obstante o *status* constitucional, enquadrar se determinado tema estará no direito urbanístico, no direito civil ou confinado na competência local poderá ser uma empreitada de difícil e desafio para o enquadramento da competência.

[228] Artigo 182 da Constituição Federal.

[229] Art. 2º. A política urbana tem por objetivo ordenar o pleno desenvolvimento das funções sociais da cidade e da propriedade urbana, mediante as seguintes diretrizes gerais:
I – garantia do direito a cidades sustentáveis, entendido como o direito à terra urbana, à moradia, ao saneamento ambiental, à infraestrutura urbana, ao transporte e aos serviços públicos, ao trabalho e ao lazer, para as presentes e futuras gerações;
II – gestão democrática por meio da participação da população e de associações representativas dos vários segmentos da comunidade na formulação, execução e acompanhamento de planos, programas e projetos de desenvolvimento urbano;
III – cooperação entre os governos, a iniciativa privada e os demais setores da sociedade no processo de urbanização, em atendimento ao interesse social;
IV – planejamento do desenvolvimento das cidades, da distribuição espacial da população e das atividades econômicas do Município e do território sob sua área de influência, de modo a evitar e corrigir as distorções do crescimento urbano e seus efeitos negativos sobre o meio ambiente;
V – oferta de equipamentos urbanos e comunitários, transporte e serviços públicos adequados aos interesses e necessidades da população e às características locais;
VI – ordenação e controle do uso do solo, de forma a evitar:
a) a utilização inadequada dos imóveis urbanos;

Verifique-se que parte das regras do Estatuto da Cidade independe de legislação especifica e sua eficácia é imediata, tais como usucapião especial de imóveis urbanos, direito de superfície, concessão de uso especial para moradia outras dependerão de legislação ulterior. Para as cidades com mais de 20 mil habitantes será obrigatório a instituição do plano diretor, cuja missão é delinear a função social da propriedade urbana. Vanesca Buzelato Prestes registrou:

b) a proximidade de usos incompatíveis ou inconvenientes;
c) o parcelamento do solo, a edificação ou o uso excessivos ou inadequados em relação à infra-estrutura urbana;
d) a instalação de empreendimentos ou atividades que possam funcionar como pólos geradores de tráfego, sem a previsão da infraestrutura correspondente;
e) a retenção especulativa de imóvel urbano, que resulte na sua subutilização ou não utilização;
f) a deterioração das áreas urbanizadas;
g) a poluição e a degradação ambiental;
h) a exposição da população a riscos de desastres.
VII – integração e complementaridade entre as atividades urbanas e rurais, tendo em vista o desenvolvimento socioeconômico do Município e do território sob sua área de influência;
VIII – adoção de padrões de produção e consumo de bens e serviços e de expansão urbana compatíveis com os limites da sustentabilidade ambiental, social e econômica do Município e do território sob sua área de influência;
IX – justa distribuição dos benefícios e ônus decorrentes do processo de urbanização;
X – adequação dos instrumentos de política econômica, tributária e financeira e dos gastos públicos aos objetivos do desenvolvimento urbano, de modo a privilegiar os investimentos geradores de bem-estar geral e a fruição dos bens pelos diferentes segmentos sociais;
XI – recuperação dos investimentos do Poder Público de que tenha resultado a valorização de imóveis urbanos;
XII – proteção, preservação e recuperação do meio ambiente natural e construído, do patrimônio cultural, histórico, artístico, paisagístico e arqueológico;
XIII – audiência do Poder Público municipal e da população interessada nos processos de implantação de empreendimentos ou atividades com efeitos potencialmente negativos sobre o meio ambiente natural ou construído, o conforto ou a segurança da população;
XIV – regularização fundiária e urbanização de áreas ocupadas por população de baixa renda mediante o estabelecimento de normas especiais de urbanização, uso e ocupação do solo e edificação, consideradas a situação socioeconômica da população e as normas ambientais;
XV – simplificação da legislação de parcelamento, uso e ocupação do solo e das normas edilícias, com vistas a permitir a redução dos custos e o aumento da oferta dos lotes e unidades habitacionais;
XVI – isonomia de condições para os agentes públicos e privados na promoção de empreendimentos e atividades relativos ao processo de urbanização, atendido o interesse social.
XVII - estímulo à utilização, nos parcelamentos do solo e nas edificações urbanas, de sistemas operacionais, padrões construtivos e aportes tecnológicos que objetivem a redução de impactos ambientais e a economia de recursos naturais.
XVIII - tratamento prioritário às obras e edificações de infraestrutura de energia, telecomunicações, abastecimento de água e saneamento.

O Estatuto das Cidades apresenta a ideia das cidades sustentáveis, estabelecendo um novo conceito de urbanização que incorpora valores ambientais aos processos de gestão e ordenamento dos espaços urbanos. O Estatuto da Cidade, lei federal que institui a política urbana de que tratam os artigos 182 e 183 da Constituição Federal, criou um sistema de normas e institutos que têm em seu cerne a ordem urbanística, fazendo nascer um direito urbano-ambiental dotado de institutos e características peculiares, enraizado e fundamentado no texto constitucional, que possibilita a construção do conceito de cidade sustentável, com suas contradições, dicotomias, perplexidades, antagonismos e pluralidade. O Estatuto da Cidade é a expressão legal da política pública urbano-ambiental, norma originadora de um sistema que interage com os diversos agentes que constroem a cidade, e a reconhece em movimento, em um processo que precisa, de um lado, avaliar e dar conta das necessidades urbanas e de outro estabelecer os limites para a vida em sociedade, considerando que esta sociedade está cada vez mais dinâmica, exigente e com escassez de recursos naturais.[230]

O Estatuto da Cidade regulamentou as exigências constitucionais e sistematizou a ação do poder público na regulamentação do uso da propriedade urbana e do equilíbrio ambiental, com a finalidade do bem-estar daqueles que vivem na cidade.[231] Com relação à metrópole, apresentou as seguintes referências:

Art. 4º. Para os fins desta Lei, serão utilizados, entre outros instrumentos:
II – planejamento das regiões metropolitanas, aglomerações urbanas e microrregiões.
[...]
Art. 45. Os organismos gestores das regiões metropolitanas e aglomerações urbanas incluirão obrigatória e significativa participação da

---

[230] PRESTES, Vanesca Buzelato. Plano Diretor, Estudo de Impacto de Ambiental (EIA) e Estudo de Impacto de Vizinhança (EIV):um diálogo. *Revista de Direito Ambiental*. São Paulo: Revista dos Tribunais, v. 42, abr./jun.2006. p. 242.

[231] Ermínia Maricato critica a pouca efetividade da legislação: "Tanto a Constituição Federal de 1988, em seus capítulos dedicados à política urbana (nºs182 e 183), como o Estatuto da Cidade não resultaram textos de fácil aplicação. A primeira porque os adversários da chamada Reforma Urbana preconizada pelos movimentos sociais conseguiram incluir na redação alguns detalhes que remeteram à aplicação de alguns instrumentos, como o IPTU progressivo para imóveis não utilizados ou subutilizados, para lei complementar. O segundo porque remeteu à utilização dos instrumentos de reforma urbana à elaboração do Plano Diretor. Isto é, com exceção dos instrumentos de regularização fundiária, os demais, que dizem respeito ao direito à habitação e à cidade, ficam dependentes da formulação contida no Plano Diretor. O que parece ser uma providência lógica e óbvia resultou em um travamento na aplicação das principais conquistas contidas na lei". Vide Metrópole, legislação e desigualdade. *Instituto de Estudos Avançados da Universidade de São Paulo*, v.17, n.48, São Paulo, mai./ago. 2003. Disponível em: <http://www.scielo.br/scielo. php?script=sci_arttext&pid=S0103-40142003000200013#nota1>. Acesso em: 06 ago. 2016.

população e de associações representativas dos vários segmentos da comunidade, de modo a garantir o controle direto de suas atividades e o pleno exercício da cidadania.

O Estatuto da Cidade estabeleceu que o planejamento das cidades é um dos instrumentos da política urbana. E nesse processo de tímido avanço das políticas urbanas, foi promulgada a Lei 13.089, de 12 de janeiro de 2015, que instituiu o Estatuto da Metrópole, que segue a determinação constitucional de que a lei complementar estadual deverá criar a região metropolitana para integrar a organização, o planejamento e a execução de funções públicas de interesse comum.

Espinha dorsal do Estatuto da Metrópole é o Plano de Desenvolvimento Urbano Integrado (PNDI), instrumento que vai embasar o crescimento e desenvolvimento dos municípios integrantes da mesma região metropolitana e aglomerado urbano, a governança interfederativa com meios compartilhados de organização administrativa e execução de serviços comuns.

Assim, para a gestão da política urbana há o plano diretor e o plano de desenvolvimento integrado, que necessariamente deverão dialogar, estabelecendo uma relação de complementariedade entre um e outro.

4.7 O estatuto da metrópole

A edição do Estatuto da Metrópole consolida a estruturação da política urbana e está diretamente ligada ao federalismo de cooperação.[232]

A legislação é mais um passo na caminhada da inserção definitiva e efetiva da política urbana na agenda das obrigações da Administração Pública. Entretanto, assumiu como escopo as atuais regiões metropolitanas constituídas com fundamento em definições imprecisas das leis estaduais e não abriu possibilidade de revisá-las, ato que criaria homogeneidade e estabeleceria uma referência territorial do que é metropolitano.

---

[232] O artigo 18 da Constituição Federal definiu um federalismo peculiar com a união indissolúvel da União, Estados, Municípios e Distrito Federal. A cooperação dos entes federados fica patente na distribuição de competências legislativas concorrentes, na possibilidade de instituição dos consórcios públicos, do estabelecimento das transferências voluntárias, repasses de receitas tributárias etc.

Em que pese essa falha da ausência de revisão das atuais regiões existentes,[233] a lei estabelece definições conceituais, apresenta princípios para a governança interfederativa e instrumentos para o desenvolvimento integrado.

Com efeito, a lei congrega a observância das normas gerais de direito urbanístico estabelecidas no estatuto da cidade, das regras que disciplinam a política nacional de desenvolvimento urbano, a política de desenvolvimento regional e as políticas de habitação, saneamento, mobilidade e meio ambiente.

Sua estrutura apresenta definições para aglomeração urbana, metrópole, região metropolitana, governança interfederativa, função pública de interesse comum, gestão plena, de acordo com o parágrafo 2° da Lei n° 13.089/2015 e determina que os critérios para delimitação da região de influência de uma capital regional, bem como que estes critérios serão disponibilizados pelo IBGE.

Para as regiões que serão instituídas após a edição da referida lei, há determinação do seu conteúdo estrutural mínimo que, além da indicação dos municípios, deverá definir os campos funcionais ou as funções públicas de interesse comum, a estrutura da governança

---

[233] Sem dúvida, a busca da definição da metrópole com base em um conceito elaborado e mensurado empiricamente representa um avanço louvável.

A sua aplicação implicaria em assumir que o Brasil não contaria com as atuais 78 unidades urbanas institucionalizadas através de leis federais ou estaduais (entre regiões metropolitanas, regiões integradas de desenvolvimento e aglomerações urbanas), e estas provavelmente não contariam com os 1308 municípios que atualmente as compõem, mas haveria uma reconfiguração desse quadro, levando a diminuição das regiões metropolitanas e dos municípios que as integram.

Inclusive no estado da Paraíba, onde 67% dos municípios fazem parte, hoje, de alguma região metropolitana. Em Santa Catarina, onde 100% dos municípios estão em regiões metropolitanas.

Segundo estudo elaborado pelo Observatório das Metrópoles em 2012, quando o Brasil contava com 59 unidades institucionalizadas, dos 945 municípios incluídos nessa análise, constatou-se que a maioria dos municípios (508) possuía níveis baixo e muito baixo de integração, e concentravam menos de 6% da população, e menos de 2,5% do PIB e da renda, refletindo uma inserção muito tênue ao processo de metropolização. Nesses municípios, o grau de urbanização e a participação de ocupados não-agrícolas sobre o total de ocupados apresentam as menores níveis, diferenciando-se dos demais níveis de integração. De acordo com o último estudo do IBGE sobre a rede urbana brasileira (Região de Influência de Cidades 2008) o Brasil conta com 12 metrópoles, compostas por aproximadamente 172 municípios. Trata-se de um quadro bastante distinto daquele desenhado pela definição das leis estaduais.

Para se ter uma ideia, nesse quadro oficial está ao mesmo tempo São Paulo, com seus 19,6 milhões de pessoas ou 10% da população do Brasil, e a região metropolitana Sul do Estado de Roraima, com população de pouco mais de 21 mil habitantes. [...] Lamenta-se também que não se avançou em algum meio de se rever o quadro metropolitano oficial criado através da proliferação das RMs nos Estados. Disponível em: <http://seminariometropole. terradedireitos.org.br/2015/07/02/estatuto-da-metropole-o-que-esperar-avancos-limites-e-desafios/>. Acesso em: 04 out. 2016.

CAPÍTULO IV
COMPETÊNCIA URBANÍSTICA EM MATÉRIA URBANA | 125

interfederativa, os meios de controle social da organização, planejamento e execução, artigo 5º da legislação em questão.

No que concerne à instituição da região metropolitana e aglomerações, a competência pertence ao Estado e a participação do município é compulsória, não existindo obrigatoriedade de aprovação prévia do legislativo municipal. Tal compulsoriedade é compatível com a autonomia municipal, conforme já apontado nesse trabalho, e decorrente da decisão da ADI 1841/RJ.[234]

O Estatuto da Metrópole determina os princípios,[235] as diretrizes[236] e a estrutura básica[237] da governança. Advirto, desde logo,

---

[234] ADI 1841/RJ, Rel. Min Carlos Veloso, DJ 20/09/2002; também ADI 796/ES, Rel. Min Néri da Silveira, DJ 17/12/1999.

[235] Art. 6º. A governança interfederativa das regiões metropolitanas e das aglomerações urbanas respeitará os seguintes princípios:
I – prevalência do interesse comum sobre o local;
II – compartilhamento de responsabilidades para a promoção do desenvolvimento urbano integrado;
III – autonomia dos entes da Federação;
IV – observância das peculiaridades regionais e locais;
V – gestão democrática da cidade, consoante os arts. 43 a 45 da Lei nº 10.257, de 10 de julho de 2001;
VI – efetividade no uso dos recursos públicos;
VII – busca do desenvolvimento sustentável.

[236] Art. 7º. Além das diretrizes gerais estabelecidas no art. 2º da Lei nº 10.257, de 10 de julho de 2001, a governança interfederativa das regiões metropolitanas e das aglomerações urbanas observará as seguintes diretrizes específicas:
I – implantação de processo permanente e compartilhado de planejamento e de tomada de decisão quanto ao desenvolvimento urbano e às políticas setoriais afetas às funções públicas de interesse comum;
II – estabelecimento de meios compartilhados de organização administrativa das funções públicas de interesse comum;
III – estabelecimento de sistema integrado de alocação de recursos e de prestação de contas;
IV – execução compartilhada das funções públicas de interesse comum, mediante rateio de custos previamente pactuado no âmbito da estrutura de governança interfederativa;
V – participação de representantes da sociedade civil nos processos de planejamento e de tomada de decisão, no acompanhamento da prestação de serviços e na realização de obras afetas às funções públicas de interesse comum;
VI – compatibilização dos planos plurianuais, leis de diretrizes orçamentárias e orçamentos anuais dos entes envolvidos na governança interfederativa;
VII – compensação por serviços ambientais ou outros serviços prestados pelo Município à unidade territorial urbana, na forma da lei e dos acordos firmados no âmbito da estrutura de governança interfederativa.
Parágrafo único. Na aplicação das diretrizes estabelecidas neste artigo, devem ser consideradas as especificidades dos Municípios integrantes da unidade territorial urbana quanto à população, à renda, ao território e às características ambientais

[237] Art. 8º. A governança interfederativa das regiões metropolitanas e das aglomerações urbanas compreenderá em sua estrutura básica:
I – instância executiva composta pelos representantes do Poder Executivo dos entes federativos integrantes das unidades territoriais urbanas;

que o tema governança, suas peculiaridades e dificuldades será tratado em capitulo próprio.

Registro, aqui, tão somente, que a aposta no municipalismo imobilizou a escala metropolitana e o desafio é o atendimento do interesse comum sem ofensa à autonomia. Não posso olvidar que há pontos sensíveis na proposta trazida pelo Estatuto da Metrópole, pontos que precedem a lei em questão, tais como garantir o êxito da unidade metropolitana, inclusive no que diz respeito ao financiamento/contribuição. Em outras palavras, como garantir que o município colabore com recursos para que a sinergia se concretize.

O artigo 9º apresenta instrumentos para o desenvolvimento integrado, sem prejuízo da lista disciplinada pelo artigo 4º, da Lei nº 10.257/2001, sendo o primeiro deles o plano de desenvolvimento integrado.

Referido dispositivo determina que o plano de desenvolvimento integrado deverá ser elaborado no ambiente da estrutura de governança interfederativa e aprovado na instância colegiada deliberativa e posteriormente encaminhado para aprovação mediante lei estadual. Observe-se que o governador ou o agente público que atue na estrutura de governança tem prazo de três anos para elaborar e aprovar referido plano de desenvolvimento integrado; e os prefeitos, prazo de três anos após aprovação do plano de competência estadual para compatibilizar seu plano diretor àquele de desenvolvimento integrado.[238]

Quanto à estrutura básica da governança interfederativa, esta veio gizada no artigo 8º, que assim dispõe:

Art. 8º A governança interfederativa das regiões metropolitanas e das aglomerações urbanas compreenderá em sua estrutura básica:

II – instância colegiada deliberativa com representação da sociedade civil;
III – organização pública com funções técnico-consultivas; e
IV – sistema integrado de alocação de recursos e de prestação de contas

[238] Art. 21. Incorre em improbidade administrativa, nos termos da Lei nº 8.429, de 2 de junho de 1992:
I – o governador ou agente público que atue na estrutura de governança interfederativa que deixar de tomar as providências necessárias para:
a) garantir o cumprimento do disposto no *caput* do art. 10 desta Lei, no prazo de 3 (três) anos da instituição da região metropolitana ou da aglomeração urbana mediante lei complementar estadual;
b) elaborar e aprovar, no prazo de 3 (três) anos, o plano de desenvolvimento urbano integrado das regiões metropolitanas ou das aglomerações urbanas instituídas até a data de entrada em vigor desta Lei mediante lei complementar estadual;
II – o prefeito que deixar de tomar as providências necessárias para garantir o cumprimento do disposto no §3º do art. 10 desta Lei, no prazo de 3 (três) anos da aprovação do plano de desenvolvimento integrado mediante lei estadual.

I – instância executiva composta pelos representantes do Poder Executivo dos entes federativos integrantes das unidades territoriais urbanas;

II – instância colegiada deliberativa com representação da sociedade civil;

III – organização pública com funções técnico-consultivas; e

IV – sistema integrado de alocação de recursos e de prestação de contas.

Por sua vez, a gestão das respectivas áreas será compartilhada entre Estados e municípios, conforme voto do Ministro Mauricio Correa no julgamento da ADI 1842:

> A previsão constitucional permite, na realidade, a configuração de uma espécie de instância híbrida na organização estatal brasileira, situada na convergência entre as atribuições do Estado e as de seus respectivos Municípios. Autoriza, desse modo, forma de administração pública flexível e moderna, que garante eficiência e eficácia no gerenciamento das funções e dos serviços públicos, tanto urbanos quanto regionais, por meio das entidades federadas integradas, sob a coordenação do Estado-membro, em face dos interesses comuns envolvidos
>
> [...]
>
> Nessas situações, o interesse público muitas vezes prepondera, exigindo uma atuação conjunta, organizada, dirigida e planejada por terceira entidade, no caso o Estado, ao qual estão vinculados os Municípios. Com relação, por exemplo, à política de uso do solo, é evidente que a forma como um dos Municípios o utiliza afeta necessariamente o outro, não só no que se refere a aspectos geológicos e ecológicos, mas também na qualidade do ar e da água, entre outros. Tal se dá igualmente no que concerne aos demais temas disciplinados no dispositivo em referência. 27. Dizem a razão e o bom senso que toda a definição acerca do assunto seja disciplinada pelo Estado em conjunto com os Municípios e não mais por estes isoladamente.

Certo é que nem a decisão do STF nem o direito positivo definiram como será a participação dos entes federados. Embora a edição do Estatuto da Metrópole seja um avanço na questão relativa às áreas metropolitanas, não posso deixar de registrar que, em razão da generalidade do diploma legal em questão, vários pontos persistem sem a adequada solução.

Ainda que a minha intenção não seja apontar as eventuais ausências legislativas, não posso passar ao largo da questão atinente à composição do colegiado deliberativo que, em outras palavras, passa pela estrutura de gestão que será estabelecida.

Vencer esse impasse e dúvida é passo necessário para se alcançar a governança em matéria metropolitana, com vistas a promover a integração de políticas públicas entre os entes federados envolvidos, reduzindo as desigualdades sociais e regionais presentes em todos grandes aglomerados urbanos.

PARTE III

DA GESTÃO COMPARTILHADA

CAPÍTULO V

CONTEXTUALIZAÇÃO DAS DIFICULDADES DA GESTÃO METROPOLITANA

O intenso processo de urbanização resultou no crescimento desordenado das cidades e provocou o adensamento de muitas regiões. Decorrente disso, a continuidade urbana retirou conceitos definidos de cada localidade, ou seja, suprimiu dos municípios conceitos como o limite territorial, os serviços públicos com abrangência restrita e delimitada, a separação econômica e cultural. Nesse contexto, surgiu a realidade urbanística denominada região metropolitana.

A região metropolitana[239] é localidade onde municípios gravitam em torno de uma grande cidade, com alta densidade demográfica e concentração econômica, onde os limites territoriais se aglutinam e, consequentemente, há continuidade econômica e social. Inconteste que dessa realidade plasmada há fortes externalidades[240] econômicas,[241]

---

[239] Conforme já registramos nesse trabalho: a região metropolitana é espaço urbano com continuidade territorial, com alta densidade populacional, relevância política e sócio econômico em nível nacional ou regional, onde está determinada a possibilidade do agrupamento compulsório de municípios, que reclama o trato e solução de funções públicas de interesse comum, cuja instituição se dará por lei complementar de competência do Estado. Vide item 2.2 do capítulo 2.

[240] Externalidades são efeitos indiretos de consumo ou atividade de produção, isto é, efeitos sobre outros do que o originador de tal atividade que não funcionam através do sistema de preços de agentes. "Em uma economia competitiva privada, equilíbrio não estará na óptima geral de Pareto, uma vez que irá refletir apenas efeitos privados (direta) e efeitos não sociais (directos e indirectos) da actividade económica" [sic]. Tradução livre. LAFONT, J.J. *The New Palgrave Dictionary of Economics*. 2. ed., 2008. Disponível em: <http://www.dictionaryofeconomics.com/article?id=pde2008_E000200>. Acesso em: 18 set. 2016.

[241] Externalidades relativas a consumo, produção e decisões de investimento de indivíduos, famílias e empresas muitas vezes afetam as pessoas que não estão diretamente envolvidos

sociais e ambientais, fato que resulta na imperiosa necessidade de aproveitar a economia de escala e racionalização na prestação dos serviços e, portanto, na qual a cooperação ganha relevo.

Sueli Terezinha Ramos Schiffer e Csaba Deak afirmam que as cidades são a base e o palco das transformações futuras da sociedade e também de sua economia.[242] Portanto, a preocupação com o espaço urbano ganha importância para o desenvolvimento e qualidade de vida.

Considerando que em regiões metropolitanas temos um grupo de municípios interligados, carentes de políticas conjuntas, não é possível pensar em soluções individualizadas. Nesse sentido, é de suma importância a discussão quanto à necessidade e viabilidade da implementação de políticas públicas unificadas que visem ao desenvolvimento regional e a igualdade no tratamento de todos seus habitantes.

Com uma boa gestão compartilhada, o resultado será o desenvolvimento igualitário em todo seu território, possibilitando que a oferta de serviços alcance a todos de modo equânime e com menor desequilíbrio entre a população afetada.

Do ponto de vista jurídico, a região metropolitana foi institucionalizada na Constituição Brasileira outorgada em 24 de janeiro de 1967. Assim, em 1973, com a Lei Complementar Federal, sete regiões metropolitanas foram criadas, com os serviços comuns definidos e impondo que a gestão da implementação das políticas regionais competia ao governador.

Considerando que o governador era um cargo de livre escolha do Presidente da República, havia uma centralização política/decisória e, via de consequência, o planejamento metropolitano foi desarticulado.

A Constituição Federal de 1988 plasmou o federalismo de cooperação e delineou nova forma para as relações entre níveis de governo. Nessa perspectiva, nos termos do artigo 18, o município foi inserido no quadro federativo, com autonomia política, administrativa e financeira, e competente para legislar sobre interesse local.

Nesse contexto, em um primeiro momento, a autonomia municipal se coloca como elemento que obstaculiza a cooperação, vez que o

---

nas transações. Às vezes, esses efeitos indiretos são minúsculos. Mas quando eles são grandes eles podem tornar-se problemáticos. Externalidades estão entre as principais razões pelas quais os governos interveem na esfera econômica. Assim, externalidades são os efeitos indiretos que causam impacto sobre os de consumo e produção oportunidades dos outros, mas o preço do produto não toma essas externalidades em conta. Tradução livre. HELBING, Thomas. Advisor in the IMF's Research Department. *Finance & Development*, dez. 2010, p. 49.

[242] SCHIFFER, Sueli Terezinha Ramos; DEÁK, Csaba (org). *O processo de urbanização no Brasil*. São Paulo: Editora da Universidade de São Paulo, 2004. p. 12.

município, sendo competente para legislar sobre interesse local, toma decisões de maneira isolada, sem considerar os reflexos nos municípios lindeiros. O resultado é uma região com uma gama de problemas e excessiva desigualdade entre seus munícipes.

O artigo 25 da Carta Magna estabeleceu competência para o Estado-membro instituir a região metropolitana, aglomerações urbanas e microrregiões para integrar a organização, o planejamento e a execução de funções públicas de interesse comum, mediante a edição de lei complementar.

No que tange às regiões metropolitanas, infelizmente o texto constitucional não trouxe esclarecimentos para elaboração e execução de uma política de planejamento integrado. Em outras palavras, a Constituição deixou em branco uma questão de grande importância.

Para enfrentar a questão da gestão dos serviços comuns em regiões metropolitanas é preciso compreender que o interesse comum se sobrepõe ao interesse local. Assim, no momento em que a lei complementar estadual institui a região metropolitana e define o plexo de interesses que são comuns ao bloco, automaticamente impõe a gestão associada sem ofensa ou violação da autonomia municipal.[243]

O legislador constitucional criou um condomínio legislativo e impôs aos Estados e municípios a criação de condições para a gestão intergovernamental das funções públicas de interesse comum. Nessa senda, o Estado-membro cria a região metropolitana e sua função é articuladora e estruturante. A participação do município na gestão dos interesses metropolitanos não pode ser obstaculizada ou impedida, sob pena de inconstitucionalidade.

No momento em que a região metropolitana é instituída, há o ponto de transição entre o interesse local para o interesse regional, a qual se concretiza à luz do federalismo de cooperação[244] e do federalismo assimétrico.

Importante ressaltar que a política urbana – inserida na Constituição Federal de 1988 – vem aos poucos se delineando. O Estatuto da Cidade traçou diretrizes gerais e, no que concerne à região metropolitana, estabeleceu a necessidade do planejamento dessas localidades, bem como que a participação popular é obrigatória nos organismos gestores das referidas Regiões Metropolitanas.

---

[243] ADIN 2.809/RS.

[244] Estados com grandes territórios e/ou com grande diversidade, sejam elas de obrigações ou de recursos, entre os entes federados é comum encontrarmos uma série de disparidades, sendo condição *sine qua non* a cooperação, para alcançar o necessário sucesso na gestão dos interesses comuns e o mínimo de funcionalidade, p. 89 do presente trabalho.

No processo tímido de avanço das políticas urbanas surge a Lei nº 13.089, de 12 de janeiro de 2015, denominada Estatuto da Metrópole, cujo núcleo central é o plano de desenvolvimento integrado e o estabelecimento da governança interfederativa.

Imperioso destacar que a governança é o instrumento para se alcançar a coesão entre todos os atores desse ambiente para a ação conjunta que visa ao equilíbrio e ao tratamento igualitário a todos integrantes das localidades regionais.

O desafio a ser enfrentado é pensar local e regionalmente para se estabelecer um caminho para as Regiões Metropolitanas, para se alcançar a redução das desigualdades e violência, a racionalidade na mobilidade urbana, as ações relativas ao saneamento básico,[245] o tratamento da política social e de urbanização com a atenção no uso e ocupação do solo, a preservação do meio ambiente, buscando o desenvolvimento econômico e social.

Nessa lógica, a Decisão do STF na ADIN 1842-RJ, em linhas gerais, estabeleceu que na Região Metropolitana, criada por meio de Lei Complementar Estadual nº 87/1997, a compulsoriedade da integração e o interesse comum não são incompatíveis com a autonomia municipal. No que concerne à governança, assentou que não há transferência de competências do município para o Estado, mas os munícipios estão obrigados a exercê-la de forma colegiada, por meio da autarquia interfederativa, com equilíbrio e proporcionalidade, sem a imposição de paridade.[246]

---

[245] Lei nº 11.445, de 5 de janeiro de 2007, estabelece diretrizes nacionais para o saneamento básico no art. 3º, considera:
I - saneamento básico: conjunto de serviços, infraestruturas e instalações operacionais de:
a) abastecimento de água potável: constituído pelas atividades, infraestruturas e instalações necessárias ao abastecimento público de água potável, desde a captação até as ligações prediais e respectivos instrumentos de medição;
b) esgotamento sanitário: constituído pelas atividades, infraestruturas e instalações operacionais de coleta, transporte, tratamento e disposição final adequados dos esgotos sanitários, desde as ligações prediais até o seu lançamento final no meio ambiente;
c) limpeza urbana e manejo de resíduos sólidos: conjunto de atividades, infraestruturas e instalações operacionais de coleta, transporte, transbordo, tratamento e destino final do lixo doméstico e do lixo originário da varrição e limpeza de logradouros e vias públicas;
d) drenagem e manejo das águas pluviais urbanas: conjunto de atividades, infraestruturas e instalações operacionais de drenagem urbana de águas pluviais, de transporte, detenção ou retenção para o amortecimento de vazões de cheias, tratamento e disposição final das águas pluviais drenadas nas áreas urbanas;
[246] Na mesma linha dos votos proferidos pelos ministros Joaquim Barbosa e Gilmar Mendes, o ministro Ricardo Lewandowski entendeu que a constitucionalidade dos modelos de gestão das entidades regionais, previsto no artigo 25, parágrafo 3º, da Constituição Federal "está condicionada ao compartilhamento do poder decisório entre o estado instituidor e os municípios que os integram, sem que se exijam uma participação paritária relativamente a

CAPÍTULO V
CONTEXTUALIZAÇÃO DAS DIFICULDADES DA GESTÃO METROPOLITANA | 135

É cediço que amadurece no país a imperiosa necessidade da gestão compartilhada[247] das funções públicas de interesse comum. Esse processo ainda não é claro e há insegurança dos atores no que diz respeito a seu poder decisório. Portanto, amadurecer o debate da estruturação dessa figura intergovernamental é medida que se impõe: a proposta aqui lançada está na análise de uma das facetas dessa estrutura, qual seja, a estrutura de governança delineada por meio do grupo decisório: o Conselho Executivo e a interlocução com o Conselho Deliberativo.

Para alcançar tal desiderato, necessária uma análise rápida relativa à governança, à governança pública e, finalmente, acerca da governança metropolitana com ênfase as possibilidades de composição dos Conselhos.

5.1 A governança corporativa

Nos últimos anos, as práticas de governança corporativa se intensificaram significativamente em razão da imperiosa necessidade de se atender a novos mercados e a um público cada vez mais exigente.

Ainda que a lógica da governança seja facilmente apreendida, há que se perquirir qual o seu conceito.

O instituto Brasileiro de Governança Corporativa (IBGC) assim define a expressão sobredita:

> Governança corporativa é o sistema pelo qual as organizações são dirigidas, monitoradas e incentivadas, envolvendo os relacionamentos entre proprietários, conselho de administração, diretoria e órgãos de controle.

---

qualquer um deles". Disponível em: <http://www.stf.jus.br/portal/cms/verNoticiaDetalhe. asp?idConteudo=232209>. Acesso em: 02 out. 2016.

[247] "[...] os espaços metropolitanos são territórios que concentram graves problemas sociais, que refletem dificuldades de provisão de serviços de interesse comum aos cidadãos. Esta precariedade é potencializada, em certa medida, pela extensão do tecido urbano, pela multiplicidade de demandas públicas e pela inadequada delimitação territorial administrativa. Isto é, não há coincidência entre o território funcional metropolitano, que é estendido a diversos municípios, e o território institucional, que se refere às delimitações administrativas. Vale ressaltar este caráter intrínseco ao fenômeno metropolitano: a incompatibilidade entre o território interdependente da atividade econômica, social e política e sua governança institucional oficial. O território institucional implica questões de autonomia, recursos financeiros e competência de gerenciamento de serviços urbanos, compreendidos lato sensu como transporte, habitação, saneamento e outros. As fragilidades de articulação entre o território funcional e o institucional dificultam a distribuição, promoção e eficiência da oferta e da demanda de serviços urbanos adequados nos espaços metropolitanos. Experiências de governança metropolitana internacional: os casos da França, Espanha, Inglaterra e Alemanha". IPEA. Disponível em: <http://repositorio.ipea.gov.br/bitstream/11058/2916/1/TD_1895.pdf>. Acesso em: 25 set. 2016.

As boas práticas de governança corporativa convertem com a finalidade de preservar e otimizar o valor da organização, facilitando seu acesso ao capital e contribuindo para a sua longevidade.[248]

Nota-se, de plano, que o conceito de governança não é de ordem jurídica. Em verdade, em um primeiro momento, o conceito de governança vem atrelado as grandes corporações. Daí a expressão governança corporativa.

Com efeito, a governança corporativa, que em sua fase inicial popularizou-se no setor privado, foi sendo intimamente relacionada com *accountability*,[249] cujas características vão variar conforme a natureza organizacional de determinada corporação.[250]

A governança tem a sua origem a partir do momento que as organizações passam a ser geridas por terceiros, por delegação dos legítimos proprietários. Dessa maneira, a governança corporativa pode ser entendida como um aperfeiçoamento da estrutura de gestão não só de pessoas, mas também de recursos, sistemas e processo, com vistas a melhor dirigir e controlar uma organização.

Marcia Bianchi afirma que o conceito de Governança Corporativa, essencialmente, inclui transparência na administração e meios para reduzir a assimetria informacional que normalmente há entre os geradores da informação e os que a devem utilizar.

A governança corporativa também se relaciona à existência de mecanismos específicos de controle que transmitem segurança aos interessados no resultado da organização quanto ao correto manuseio dos recursos colocados à disposição de seus gestores no processo de obtenção de receitas, no sentido de que os necessários sacrifícios de ativos, sejam esses

---

[248] INSTITUTO BRASILEIRO DE GOVERNANÇA COOPERATIVA (IBGC). Disponível em: <www.ibgc.org.br>. Acesso em: 07 ago. 2016.

[249] "(...) pode-se entender *accountability* como um processo de avaliação e responsabilização permanente dos agentes públicos (que abrange tanto os eleitos quanto os nomeados ou os de carreira) em razão dos atos praticados em decorrência do uso do poder que lhes é outorgado pela sociedade. Será institucional quando esse processo de avaliação e responsabilização for praticado no âmbito do próprio aparato estatal, ou social quando praticado fora dos limites estatais. Em outras palavras, é saber o que os agentes públicos estão fazendo, como estão fazendo, que consequências resultam das suas ações e como estão sendo responsabilizados. Daí a necessidade de um fluxo de informações amplo e aberto, capaz de subsidiar e incentivar a discussão e o debate em torno das questões públicas". Vide ROCHA, Arlindo Carvalho. Accountability na Administração Pública: a Atuação dos Tribunais de Contas. In *XXXIII Encontro da ANPAD*, 2009. Disponível em: <http://www.anpad.org.br/admin/pdf/APS716.pdf>. Acesso em: 30 ago. 2016.

[250] MARQUES, Maria da Conceição da Costa. Aplicação dos princípios da governança corporativa ao setor público. *Revista de Administração Contemporânea*, Curitiba, vol.11, n.2, abr./jun. 2007, Disponível em: <http://www.scielo.br/scielo.php?script=sci_arttext&pid=S1415-65552007000200002>. Acesso em: 29 ago. 2016.

financeiros ou de outra natureza, sejam plenamente recompensados à luz dos resultados alcançados.[251]

De tudo isso, a grande característica da governança corporativa que, em última análise, confunde-se com o seu próprio conceito, revela-se como o conjunto de mecanismos que devem nortear o processo de decisão dentro de uma empresa, objetivando uma melhor gestão de processos, pessoas, recursos e tecnologias.

Para que a governança corporativa possa atingir o seu desiderato, torna-se imprescindível que as ações que serão implementadas sejam efetivamente definidas e, principalmente, alinhadas e pautadas por seus princípios cardeais.

Referidos princípios foram aprovados pela Organização para a Cooperação e Desenvolvimento Econômico (OCDE), no ano de 1999, tonando-se uma referência internacional para decisores políticos, investidores, sociedades e outros sujeitos com interesses relevantes em todo o mundo. Os princípios da governança de acordo com a OCDE são:

i) os direitos dos acionistas – os acionistas têm direito de participar dos lucros, obter informações sobre a empresa, podendo acompanhar e influir indiretamente no processo de gestão e administração mediante a participação nas assembleias gerais e ordinárias pelo voto direto;

ii) tratamento equitativo dos acionistas: o tratamento dos acionistas deve ser isonômico, independentemente de serem minoritários ou estrangeiros, proibindo o abuso de poder por meio de informações privilegiadas ou restritas;

iii) o papel dos terceiros fornecedores de recursos (*stakeholders*): a governança cooperativa exige o reconhecimento do direito das partes interessadas, com vistas a estimular a livre e ativa cooperação entre estes e a organização, garantindo um fluxo constante de capital e de informação;

iv) acesso e transparência da informação: a organização deve assegurar a divulgação e dados e informações relevantes, em especial naquilo que se refere a questões de ordem financeira, desempenho, participação acionária e governança, dentre outros;

v) a responsabilidade da diretoria e do conselho de administração: obriga a corporação a desenvolver uma estrutura de governança corporativa que busque garantir a orientação estratégica, a fiscalização

---

[251] BIANCHI, Márcia. *A controladoria como um mecanismo interno de governança corporativa e de redução dos conflitos de interesse entre principal e agente*. Dissertação (Mestrado em Ciências Contábeis). São Leopoldo: UNISINOS, 2005. p. 159.

da diretoria executiva e a prestação de contas do conselho perante a organização e os seus investidores.[252]

Assim, será com sustentáculo nos princípios supracitados que deverá ser concebida uma estrutura capaz de assegurar a governança, tanto na esfera privada como na esfera pública, atendendo às circunstâncias de ordem econômica, social e cultural peculiares de cada um.

5.2 Governança pública

A terminologia 'governança' no âmbito da Administração Pública vem sendo muito utilizada e com algumas confusões relativas à sua aplicabilidade. Para tratar do tema, é necessário retomar seu desenvolvimento histórico e conceitual e em qual contexto ela estava enquadrada, bem como estabelecer sua diferenciação com termos relacionados, como governo e governabilidade, com os quais não pode ocorrer confusão.

O ponto crucial da utilização da terminologia parte das reflexões do Banco Mundial para buscar condições que garantam um Estado eficiente. Vale registrar que, no início dos anos 90, o Banco Mundial muda de direção[253] e desloca sua atenção para o pluralismo político e a legitimidade. De maneira que se afasta de questões técnicas ligadas a reformas e política econômica e coloca em pauta a discussão relativa à boa governança, a qual foi sistematizada no livro 'Governança e Desenvolvimento'.

Nesse título, estabeleceu-se o conceito para a terminologia "governança", qual seja, *a maneira pela qual o poder é exercido na administração dos recursos econômicos e sociais do país, com vistas ao desenvolvimento.*[254]

E, ainda, estabelece quatro vertentes para a boa governança quais sejam: *o setor público deve ser melhor administrado* e isto ocorrerá com o gerenciamento da economia e da prestação dos serviços sociais; definição de *marcos legais claros e seguros*, nos quais as regras serão

---

[252] Aprovados pelos ministros da OCDE, em 1999, os Princípios da OCDE sobre o Governo das Sociedades tornaram-se uma referência internacional para decisores políticos, investidores, sociedades e outros sujeitos com interesses relevantes em todo o mundo. Disponível em: <https://www.oecd.org/daf/ca/corporategovernanceprinciples/33931148.pdf>. Acesso em: 25 set. 2016.

[253] O fator do fracasso do ajuste estrutural na África Sub-saariana, apoiado pelo banco por meio dos empréstimos de ajuste estrutural, foi identificado como o responsável pela crise de governança. WORLD BANK. *Sub-Saharian Africa: from crisis to sustainable growth.* Washington, D.C., World Bank. Originalmente World Development Report, 1990. Oxford University Press para o Banco Mundial. São Paulo: Fundação Getulio Vargas Livrarias, set. 1990.

[254] WORLD BANK. *Governance and development.* Washington, Oxford University Press. 1992. p. 1.

definidas de modo claro e seu cumprimento será garantido por um órgão independente, bem como deverá se estabelecer um procedimento que possibilite a modificação de tais regras se elas não servirem mais a seus propósitos; *transparência*, clareza no processo de formulação das políticas governamentais com informações sem assimetria; *participação*, oportunidade para que o cidadão possa influenciar a decisão sobre as políticas públicas.[255]

Nessa lógica, Elke Loffler apresenta conceito de governança:

> [...] uma nova geração de reformas administrativas e de Estado, que têm como objeto a ação conjunta, levada a efeito de forma eficaz, transparente e compartilhada, pelo Estado, pelas empresas e pela sociedade civil, visando uma solução inovadora dos problemas sociais e criando possibilidades e chances de um desenvolvimento futuro sustentável para todos os participantes.[256]

Assim, a partir dessa mudança de paradigma do Banco Mundial, a terminologia governança tornou-se um conceito nuclear para o debate desenvolvimentista.[257]

De acordo com Anne Mette Kjaer, a palavra governança tem origem grega, do verbo 'kubernân' – conduzir/pilotar, mencionado desde Platão como 'sistema de regras' e 'ato de governar homens'.[258] Em razão da origem, o termo governança é confundido com governo, não obstante as terminologias sejam distintas. Explica James N. Rosenau:

> [...] governança não é o mesmo que governo. [...] Governo sugere atividades sustentadas por uma autoridade formal, pelo poder de polícia que garante a implementação das políticas devidamente instituídas, enquanto governança refere-se a atividades apoiadas em objetivos comuns, que podem ou não derivar de responsabilidades legais e formalmente prescritas e não dependem, necessariamente, do poder de polícia para que sejam aceitas e vençam resistências.[259]

---

[255] *Ibidem*, p. 40.

[256] LÖFFLER, Elke. Governance: Die neue Generation von Staats- und Verwaltungs- modern-isierung. *Verwaltung + Management*, v. 7, n. 4, 2001. p. 212-215.

[257] No presente trabalho não há posição relativa às teorias econômicas e políticas sobre desenvolvimento econômico. Utilizamos a expressão para contextualizar a discussão sobre a gestão pública e buscar o entendimento sobre a terminologia governança. Até porque a temática seria suficiente para outra tese.

[258] KJAER, Anne Mette. *Governance*. Cambridge: Polity-Press, 2004, *passim*.

[259] ROSENAU, James N. Governança, Ordem e Transformação na Política Mundial. In: ROSENAU, James N.; CZEMPIEL, Ernst-Otto. *Governança sem governo: ordem e transformação na política mundial*. Brasília: Ed. UnB, 2000. p. 15.

No que concerne às terminologias governo e governabilidade, buscamos em Norberto Bobbio o socorro para as definições.

Governo é o conjunto de pessoas que exercem o poder político e determinam a orientação política de uma determinada sociedade [...]. Existe uma segunda acepção do termo Governo mais própria da realidade do Estado moderno, a qual não indica apenas o conjunto de pessoas que detêm o poder do governo, mas o complexo dos órgãos que institucionalmente têm o exercício do poder.

Governabilidade: o termo mais usado atualmente seria o oposto, ou seja, não governabilidade... Governabilidade e não governabilidade não são, portanto, fenômenos completos, mas processos em curso, relações completas entre componentes de um sistema político.

Hipóteses sobre a não governabilidade:

1. [...] Não-governabilidade, portanto, é igual à crise fiscal do Estado;

2. A não-governabilidade não é somente, nem principalmente, um problema de acumulação, de distribuição de recursos e de redistribuição de recursos, bens e serviços aos cidadãos, mas é, de preferência, um problema de natureza política: autonomia, complexidade, coesão e legitimidade das instituições. [...]

3. A não-governabilidade é produto conjunto de um a crise de gestão administrativa do sistema e de uma crise de apoio político dos cidadãos às autoridades e aos governos.[260] (Grifos nossos)

Assim, governo, governabilidade e governança possuem dimensões diferentes, cujas análises são distintas. Para aquilo que nos interessa, identifico a capacidade governativa se o sistema político for capaz de *(i) identificar problemas da sociedade e formular políticas públicas, isto é, oferecer soluções; e (ii) implementar as políticas formuladas, mobilizando para isso meios e recursos políticos, organizacionais e financeiros necessários.*[261]

5.2.1 A governança pública no Brasil

No Brasil, é cediço que a partir dos anos 80 as contas públicas eram desordenadas, era crescente o desequilíbrio fiscal e a inflação

---

[260] BOBBIO, Norberto; MATEUCCI, Nicola; PASQUINO, Gianfranco. *Dicionário de política.* Trad. Carmem C. Varriale, Gaetano Lo Mônaco, João Ferreira, Luis Guerreiro Pinto Cacais e Renzo Dini. São Paulo: Editora INB e Imprensa Oficial, 2004. p. 553; 547-548.

[261] SANTOS, Maria Helena de Castro. Governabilidade, Governança e Democracia: Criação de Capacidade Governativa e Relações Executivo-Legislativo no Brasil Pós-Constituinte *Instituto de Estudos Sociais e Políticos (IESP) da Universidade do Estado do Rio de Janeiro (UERJ).* v. 40, n. 3, Rio de Janeiro, 1997. Disponível em: <http://www.scielo.br/scielo.php?script=sci_arttext&pid=S0011-52581997000300003>. Acesso em: 26 set.2016.

CAPÍTULO V
CONTEXTUALIZAÇÃO DAS DIFICULDADES DA GESTÃO METROPOLITANA | 141

desenfreada. Inúmeros planos foram aplicados como tentativa de estabilizar a economia. Foi uma época de longa trajetória de equívocos e ensaios.

Com o avanço da globalização no fim do século XX e início do século XXI, impulsionado pelo advento da tecnologia da informação, a necessidade de expandir seus mercados levou as nações a exportarem seus produtos e a se abrir para produtos de outros países, indicando o forte crescimento da corrente ideológica econômica liberalista. Dado o enfraquecimento do Estado Nacional, o crescimento desenfreado acentuou a má distribuição de renda e as transformações em curso de forma desigual aprofundaram o abismo social existente, além de ter criado uma crise socioambiental.

A agenda e demanda do Estado passou a ser cada vez mais ampliada; na contramão, a capacidade de governabilidade foi reduzida, tendo em vista a perda de legitimidade política, resultando, assim, na necessidade de reformas de um Estado sob pressão.

Conforme documento elaborado pelo Ministério da Administração Federal e da Reforma do Estado em 1995, denominado "Plano Diretor da Reforma do Aparelho do Estado – PDRAE", as transformações da Administração Pública são caracterizadas em três fases ou três modelos de gestão: a patrimonialista, a burocrática e a gerencial. As três formas sucedem-se no tempo, porém, não há rompimento entre as mesmas e nenhuma foi inteiramente abandonada.

Com fundamento na obra do historiador Sérgio Buarque de Holanda, em 'Raízes do Brasil',[262] podemos considerar que no modelo de Administração Pública Patrimonialista o Estado se mistura com os direitos pessoais dos seus funcionários, nos quais as vontades particulares superam o interesse público, assim os bens públicos são utilizados de forma a beneficiar os membros que compõem o governo, como se a Administração fosse uma extensão do lar. Há o favorecimento de poucos em detrimentos dos interesses coletivos. Este modelo vigorou no país desde o período colonial até fim da década de 1930, por mais que alguma característica similar nos assombre até os tempos atuais.

Visando a combater a corrupção e o nepotismo intrínsecos ao modelo patrimonialista, surge no início da década de 30 o modelo de Administração Pública Burocrática, de acordo com o PDRAE:

> Constituem princípios orientadores do seu desenvolvimento a profissionalização, a ideia de carreira, a hierarquia funcional, a

---

[262] HOLANDA, Sergio Buarque de. Raízes do Brasil. São Paulo: Companhia da Letras, 2015 (reed.).

impessoalidade, o formalismo, em síntese, o poder racional-legal. Os controles administrativos visando evitar a corrupção e o nepotismo são sempre a priori. Parte-se de uma desconfiança prévia nos administradores públicos e nos cidadãos que a eles dirigem demandas. Por isso são sempre necessários controles rígidos dos processos, como, por exemplo, na admissão de pessoal, nas compras e no atendimento a demandas.[263]

A necessidade de separar o patrimônio público do privado, visando a resguardar os interesses de toda uma sociedade, a verdadeira dona da "coisa pública", foi o principal pilar para a formulação do modelo burocrático. Dentre as principais ferramentas criadas cabe mencionar o controle dos procedimentos e dos atos administrativos e o demasiado formalismo, um dos principais responsáveis pelo engessamento da máquina pública. No Brasil, a implantação do modelo burocrático teve início em 1936, sob a liderança de Getúlio Vargas. Sucede que nesse modelo o Estado perde a noção básica de sua existência, que é servir à sociedade, por um lado sobrevém a efetividade no controle dos abusos; do outro, a ineficiência quanto à capacidade de voltar-se a servir à sociedade como clientes. Por consequência, o modelo de Administração Pública Burocrática não logrou êxito pleno em sua pretensão de eliminar o patrimonialismo ou de atender às novas demandas sociais, gerando margens para a criação de um novo modelo,[264] o Gerencial.

A partir de 1970 foi constatado que grande parte dos países estava adentrando em uma recessão econômica, tendo em vista um descontrole fiscal, altos índices de inflação e desemprego, somando-se ao acúmulo e constante majoração das demandas sociais, integrada à ineficiência administrativa e econômica. Em consequência desse cenário, na década de 80 nasce o modelo de Administração Pública Gerencial.

Portanto, a gestão gerencial visa a reduzir custos e aumentar a qualidade dos serviços públicos. Consequentemente, foram implantadas reformas neoliberais, casando a ideia de Estado mínimo com a busca da excelência, ou seja, houve uma revolução no quesito eficiência

---

[263] Plano Diretor Reforma do Aparelho do Estado, 1995, p.15. Disponível em: <http://www.bresserpereira.org.br/Documents/Mare/Planodiretor/Planodiretor.Pdf >.

[264] Leonardo Secchi registra: "Dois modelos organizacionais têm pintado o quadro global de reformas da administração pública nas últimas décadas: a administração pública gerencial (APG) e o governo empreendedor (GE). Os dois modelos compartilham os valores da produtividade, orientação ao serviço, descentralização, eficiência na prestação de serviços, *marketization*. e *accountability* (Kettl, 2005). A APG e o GE são frequentemente chamados de gerencialismo (*managerialism*). A administração pública gerencial ou nova gestão pública (*new public management*) é um modelo normativo pós-burocrático para a estruturação e a gestão da administração pública baseado em valores de eficiência, eficácia e competitividade". Vide Modelos organizacionais e reformas da administração pública. In: *Revista da Administração Pública*, Rio de Janeiro, mar./abr. 2009. p. 353-354.

trazendo conceitos de gerência empresarial privada para o setor público, propondo um maior foco na eficiência gerencial, nos resultados e no cidadão/cliente, com uma separação clara entre esferas políticas e administrativas.

As primeiras tentativas de reformas gerenciais surgiram na Inglaterra, Nova Zelândia e Austrália. Já no Brasil, mesmo com o patrimonialismo enraizado e a recente tentativa de implantação do modelo burocrático, ocorreram algumas tímidas tentativas de implantação da gestão gerencial. Em 1938, houve a constituição da primeira autarquia, fomentando a discussão de que os serviços públicos de caráter executivo deveriam ser descentralizados, uma vez que não havia necessidade de formulação de políticas públicas, podendo abster-se da burocracia da administração direta, e em 1967 efetuou-se a criação da administração indireta com a edição do Decreto-lei nº 200, que estabeleceu a formação das autarquias, de empresas públicas e de sociedades de economia mista. Todavia, a modernização da gestão pública com base no modelo gerencial só ganha força em 1995, com a elaboração "Plano Diretor da Reforma do Aparelho do Estado – PDRAE", coordenada pelo então ministro da Administração Federal e da Reforma do Estado, Luiz Carlos Bresser-Pereira.

O modelo gerencial propõe-se a obter bons resultados. Para isso, é de suma importância a simplificação dos procedimentos administrativos, a economicidade, a qualidade dos serviços prestados e a eficiência, sempre focando no cidadão, verdadeiro detentor da *"res publica"*. A reforma administrativa derivada da EC nº 19/98 manifesta-se como uma das principais tentativas de inserção do modelo gerencial no Brasil, tendo como indispensável inclusão na redação da Constituição Federal, conforme *caput* do artigo 37, a eficiência como Princípio Constitucional da Administração Pública.

Assim, não é de hoje que a Administração Pública tenta modernizar de forma eficiente a sua estrutura burocrática, haja vista a reforma administrativa preconizada pela EC 19/98. Nesse contexto a expressão governança pública teve relativo destaque nos últimos anos, como um instrumento de gestão para a Administração Pública alcançar um Estado Eficiente.

Do ponto de vista conceitual, a governança pública, assim como a corporativa, implica uma forma de gerir algo para alcançar um fim. É um instrumento colocado à disposição do administrador para alcançar determinado fim.

Assim, diante do panorama apresentado, entendo que um bom caminho para a definição de governança pública se perfaz em entendê-la como um instrumento que visa a garantir ações de planejamento, de formulação e implementação de políticas públicas.

5.2.1.1 Princípio da Eficiência e o direto fundamental à boa administração

O Estado contemporâneo tem por objetivo o atendimento à finalidade pública. Em outras palavras, visa a atender às necessidades sociais. Fabio Konder Comparato averba:

> A legitimidade do Estado contemporâneo é a capacidade de realizar [...] certos objetivos predeterminados e a legitimidade do Estado passa a fundar-se não na expressão legislativa da soberania popular, mas na realização das finalidades coletivas, a serem realizadas programadamente.[265]

Fato é que com a passagem do Estado liberal para o Estado social, há uma transição da atuação estatal e esta passa a ter a obrigação de uma postura prestacional visando à igualdade material. Como já foi apontado, o modelo burocrático foi insuficiente[266] e cedeu espaço ao modelo gerencial.

O modelo gerencial surge no ambiente de tendências internacionais, que se perfaz em uma agenda de reformas ao modelo da administração burocrática, o denominado New Public Management (NPM). Christopher Hood apresenta os quatro eixos do NPM:

1. Tentativa de desacelerar ou de reverter o crescimento do governo em termos de despesa administrativa incluindo a de pessoal;
2. Câmbio em direção ã desestatização, dando ênfase a uma possível subsidiariedade na prestação dos serviços públicos;
3. Desenvolvimento e fomento de automação, particularmente em tecnologia de informação, na produção e distribuição de serviços públicos;
4. Internacionalização da agenda de gestão, focando-se cada vez mais em questões de gestão pública, de formulação de políticas públicas [...].[267]

---

[265] COMPARATO, Fábio Konder. Juízo de constitucionalidade das políticas públicas. In: *Estudos em homenagem a Geraldo Ataliba*, v.2. São Paulo: Malheiros, 1997. p. 350-351.

[266] O modelo de gestão pública gerencial sedimentava sua construção nas mazelas da experiência burocrática, a saber: 1. Descontrole financeiro; 2. Falta de responsabilização dos gestores e burocratas; 3. Politização da burocracia; 4. Fragmentação das estatais, com perda de foco de atuação governamental. ABRUCIO, Fernando Luiz. Trajetória recente da gestão pública brasileira: um balanço crítico e a renovação da agenda de reformas. *Revista da administração pública- RAP*, ed. especial comemorativa 1967-2007, Rio de Janeiro, 2007. p. 68.

[267] HOOD, Christopher. A public management for all seasons? *Public Administration*, v. 69, n. 1, mar. 1991. p. 3-4.

Nesse ambiente de mudança de paradigma da Administração Pública, o conceito de boa administração ganha destaque. A Carta de Direitos Fundamentais da União Europeia, proclamada pelo Parlamento Europeu, pelo Conselho da União Europeia, em 7 de dezembro de 2000, e incorporada ao Tratado da União Europeia em 2007, traz o direito a uma boa administração.

Registre-se que, muito antes do Tratado da União Europeia, a Constituição Italiana de 1948 tratou do bom andamento e imparcialidade da administração, em seu artigo 97.[268]

No Brasil, como consequência da Reforma do Estado, surge a Emenda Constitucional de 1998, que apresentou expressamente o princípio da eficiência,[269] que modificou o regime e as normas da administração Pública, dos servidores e agentes políticos e o controle das despesas e finanças públicas.

Não obstante a eficiência não seja princípio novo em nosso sistema, a jurisprudência dos tribunais,[270] ainda que em referências tímidas, antes da EC 19/98 já consagra a eficiência.

---

[268] ITÁLIA. Carta dos Direitos Fundamentais. Artigo 41: Direito a uma boa administração. 1. Todas as pessoas têm direito a que os seus assuntos sejam tratados pelas Instituições e órgãos da União de forma imparcial, equitativa e num prazo razoável. 2. Este direito compreende, nomeadamente:* o direito de qualquer pessoa a ser ouvida antes de a seu respeito ser tomada qualquer medida individual que a afete desfavoravelmente;* direito de qualquer pessoa a ter acesso aos processos que se lhe refiram, no respeito dos legítimos interesses da confidencialidade e do segredo profissional e comercial;* obrigação, por parte da administração, de fundamentar as suas decisões. 3. Todas as pessoas têm direito à reparação, por parte da Comunidade, dos danos causados pelas suas Instituições ou pelos seus agentes no exercício das respectivas funções, de acordo com os princípios gerais comuns às legislações dos Estados-Membros. 4. Todas as pessoas têm a possibilidade de se dirigir às Instituições da União numa das línguas oficiais dos Tratados, devendo obter uma resposta na mesma língua.

[269] A positivação do princípio com a EC 19/98 trouxe grandes discussões relativas à sua adequação e pertinência. De modo geral, havia duas posições relativas ao princípio: a do modelo gerencial como controle de resultados e a vista sob a ótica do Estado de Direito – vista como a boa administração. Disponível em: <http://www.fd.uc.pt/CI/CEE/pm/Tratados/Nice/Carta%20Direitos%20Fundamentais.htm>. Acesso em: 24 out. 2016.

[270] "O controle administrativo do ensino público permite a interferência oficial na direção dos educandários particulares, para afastar os diretores sem *eficiência*. Não constitui diminuição moral esse afastamento, pois nem todo cidadão ilibado tem competência para dirigir e administrar" (STF, RMS-2201/DF. Relator Ministro Abner de Vasconcelos - convocado, publicado no DJ DATA-22-07-54. Julgamento 07/01/1954 - Tribunal Pleno). "RMS - ADMINISTRATIVO - ADMINISTRAÇÃO PÚBLICA - SERVIDOR PÚBLICO - VENCIMENTOS - PROVENTOS - ACUMULAÇÃO - A administração pública é regida por vários princípios: legalidade, impessoalidade, moralidade e publicidade (Constituição, art. 37). Outros também se evidenciam na carta política. Dentre eles, *o princípio da eficiência*. A atividade administrativa deve orientar-se para alcançar resultado de interesse público. Daí a proibição de acumulação de cargos. As exceções se justificam. O magistério enseja ao professor estudo teórico (teoria geral) de uma área do saber; quanto mais se aprofunda, no âmbito doutrinário, mais preparado se torna para o exercício de atividade técnica. Não

De todo modo, após a EC 19/98 o princípio da eficiência, de acordo com Celso Antônio Bandeira de Mello, é uma faceta de um princípio mais amplo já superiormente tratado, de há muito, no direito italiano: o princípio da boa administração.[271]

Do ponto de vista constitucional, já se afirma o direito fundamental à boa administração. Ingo Wolfgang Sarlet ensina:

> Diria que a Constituição de 1988, muito antes da Carta dos Direitos Fundamentais da União Europeia, consagrou um direito fundamental à boa administração. Todos nós sabemos onde esse direito está, principalmente (não exclusivamente), ancorado: no artigo 1º, III, que consagra a dignidade da pessoa humana como fundamento da República e no artigo 37, onde estão elencados os princípios diretivos da administração pública. Com efeito, uma boa administração só pode ser uma administração que promova a dignidade da pessoa e dos direitos fundamentais que lhe são inerentes, devendo, para tanto, ser uma administração pautada pela probidade e moralidade, impessoalidade, eficiência e proporcionalidade. A nossa Constituição, como se percebe, foi mais adiante. Além de implicitamente consagrar o direito fundamental à boa administração, ela já previu expressamente os critérios, diretrizes, princípios que norteiam e permitem a concretização dessa idéia de boa administração. Então, diria que a nossa Constituição, na verdade, já antes da Carta da União Europeia, pelo menos no âmbito formal, talvez tenha ido até mesmo além da própria União Europeia.[272]

A boa administração está intimamente ligada ao princípio da eficiência e é o dever do bom governo, em outro giro, é o dever que o administrador público tem de observar todos os princípios que regem a

---

há dispersão. Ao contrário, concentração de atividades. Além disso, notório, há deficiência de professores e médicos, notadamente nos locais distantes dos grandes centros urbanos. O Estado, outrossim, deve ensejar oportunidade de ingresso em seus quadros, atento aos requisitos de capacidade e comportamento do candidato, para acolher maior número de pessoas e amenizar o seríssimo problema de carência de trabalho. Nenhuma norma jurídica pode ser interpretada sem correspondência a justiça distributiva. A constituição não proíbe o aposentado concorrer a outro cargo público. Consulte-se, entretanto, a teleologia da norma. O direito não pode, contudo, contornar a proibição de acumular cargos, seja concomitante, ou sucessiva. A proibição de acumulação de vencimentos e proventos decorre do princípio que veda acumulação de cargos. A *eficiência* não se esgota no exercício da atividade funcional. Alcança arco mais amplo para compreender também a eficiência para a carreira. (STJ, ROMS 5590/DF; Recurso Ordinário em mandado de segurança 95/0016776-0. DJ 10/06/1996, p. 20395. Relator Ministro Luiz Vicente Cernicchiaro, data da decisão: 16/04/1996; 6ª turma; v.u.: negar provimento ao recurso).

[271] BANDEIRA DE MELLO, Celso Antônio. *Curso de direito Administrativo*. 18. ed. São Paulo: Malheiros, 2005. p. 112.

[272] SARLET, Ingo Wolfgang. Curso permanente módulo II - Direito Administrativo. A administração pública e os direitos fundamentais. Disponível em: <http://www2.trf4.jus.br/trf4/upload/arquivos/emagis_atividades/ingowolfgangsarlet.pdf>. Acesso em: 24 out. 2016.

CAPÍTULO V
CONTEXTUALIZAÇÃO DAS DIFICULDADES DA GESTÃO METROPOLITANA | 147

administração pública, com a finalidade de perseguir o interesse público e alcançar a igualdade para todos os que estão sob sua responsabilidade. O bom governo deve buscar a governabilidade e a concretização da função administrativa. Especificamente com relação à região metropolitana, o Estatuto da Metrópole estabelece diretrizes gerais para o planejamento, a gestão e a execução das funções públicas de interesse comum, normas gerais sobre o plano de desenvolvimento urbano integrado e outros instrumentos de governança interfederativa.

5.3 A estruturação da gestão metropolitana

O Estatuto da Metrópole impõe ao Estado e municípios incluídos em região metropolitana ou em aglomeração urbana a promoção da governança interfederativa. Define, ainda, seus princípios,[273] suas diretrizes gerais e específicas[274] e sua estrutura básica.[275]

---

[273] Art. 6º A governança interfederativa das regiões metropolitanas e das aglomerações urbanas respeitará os seguintes princípios:
I – prevalência do interesse comum sobre o local;
II – compartilhamento de responsabilidades para a promoção do desenvolvimento urbano integrado;
III – autonomia dos entes da Federação;
IV – observância das peculiaridades regionais e locais;
V – gestão democrática da cidade, consoante os arts. 43 a 45 da Lei nº 10.257, de 10 de julho de 2001;
VI – efetividade no uso dos recursos públicos;
VII – busca do desenvolvimento sustentável.

[274] Art. 7º. Além das diretrizes gerais estabelecidas no art. 2o da Lei no 10.257, de 10 de julho de 2001, a governança interfederativa das regiões metropolitanas e das aglomerações urbanas observará as seguintes diretrizes específicas:
I – implantação de processo permanente e compartilhado de planejamento e de tomada de decisão quanto ao desenvolvimento urbano e às políticas setoriais afetas às funções públicas de interesse comum;
II – estabelecimento de meios compartilhados de organização administrativa das funções públicas de interesse comum;
III – estabelecimento de sistema integrado de alocação de recursos e de prestação de contas;
IV – execução compartilhada das funções públicas de interesse comum, mediante rateio de custos previamente pactuado no âmbito da estrutura de governança interfederativa;
V – participação de representantes da sociedade civil nos processos de planejamento e de tomada de decisão, no acompanhamento da prestação de serviços e na realização de obras afetas às funções públicas de interesse comum;
VI – compatibilização dos planos plurianuais, leis de diretrizes orçamentárias e orçamentos anuais dos entes envolvidos na governança interfederativa;
VII – compensação por serviços ambientais ou outros serviços prestados pelo Município à unidade territorial urbana, na forma da lei e dos acordos firmados no âmbito da estrutura de governança interfederativa.

A boa governança tem como espinha dorsal a descentralização e abertura à participação dos atores econômicos e a sociedade civil, com a finalidade de reduzir as desigualdades entre todos os integrantes da região metropolitana, garantindo que os serviços comuns sejam equânimes e alcancem a todos de modo igual, que as deseconomias[276] urbanas sejam mitigadas.

Parágrafo único. Na aplicação das diretrizes estabelecidas neste artigo, devem ser considedas as especificidades dos Municípios integrantes da unidade territorial urbana quanto à população, à renda, ao território e às características ambientais

[275] Art. 8º. A governança interfederativa das regiões metropolitanas e das aglomerações urbanas compreenderá em sua estrutura básica:
I – instância executiva composta pelos representantes do Poder Executivo dos entes federativos integrantes das unidades territoriais urbanas;
II – instância colegiada deliberativa com representação da sociedade civil;
III – organização pública com funções técnico-consultivas; e
IV – sistema integrado de alocação de recursos e de prestação de contas

[276] Deseconomias urbanas são, naturalmente, o oposto das vantagens econômicas da aglomeração de atividades de produção e consumo no espaço: a aglomeração passa a ser desvantajosa. Isso pode ocorrer por competição, dificuldades de compartilhar mercados de trabalhadores ou consumidores, e sobretudo pelas dificuldades impostas pelos volumes de ações econômicas fragilmente suportadas por estruturas espaciais. É o caso com as redes viárias de baixa distributividade das cidades brasileiras e nas regiões metropolitanas. Entre as características do estado da infraestrutura das cidades brasileiras, destacam-se a lentidão na execução das obras de saneamento: os processos de construção são pouco eficientes, impactando negativamente a vida econômica de cidadãos e empresas; o alto custo das obras, que esgota recursos potencialmente úteis para outras execuções; e finalmente obras pensadas frequentemente pontualmente e não de modo estratégico e em conjunto. Recente estudo da Fundação Getúlio Vargas (FGV) e Instituto de Pesquisa Econômica Aplicada (Ipea) (15) aponta custos da ordem de R$ 33 bilhões ao ano (cerca de 10% do Produto Interno Bruto [PIB] da cidade). O estudo localiza esses valores, entre custos possíveis, em dois problemas: os "custos de oportunidade" (o tempo perdido por pessoas em congestionamentos, calculado a partir do valor médio da hora de trabalho do cidadão) e os "custos pecuniários" (aumento do consumo de combustíveis, elevação do custo do transporte de cargas, e custos dos impactos negativos da emissão de poluentes sobre a sociedade, como sobre a saúde). Devido ao grande aumento de veículos em circulação (30.08% entre 2003 e 2008) e a consequente queda de velocidade no trânsito e de mobilidade urbana, ambos se encontram em progressão, apresentando em 2008 cerca de R$ 27 bilhões que teriam sido deixados de produzir por perdas em horas trabalhadas, e R$ 6,5 bilhões dos custos das deseconomias resultantes do aumento do consumo de combustível, do custo do transporte de cargas e dos impactos da emissão de poluentes. A estimativa da FGV/IPEA mostra a gravidade do problema, mas não revela completamente sua extensão. O cálculo dos prejuízos do tempo do trabalhador gasto no trânsito pode ser de uma forma ou outra compensada por este, que eliminará horas do seu lazer, convívio familiar e descanso visando não comprometer as horas de trabalho – ainda que essa substituição não seja completa e também implique perda de produtividade no trabalho, proveniente de insatisfação e cansaço. Há, contudo, um segundo problema que sofre os impactos do primeiro, mas apresenta prejuízos específicos: os *custos de produção e as perdas de produtividade das empresas*. O modo de organização da produção em nossa economia é hoje altamente desintegrado verticalmente, envolvendo a cooperação entre diversas empresas no fornecimento intermediário. A produtividade é certamente suscetível aos atrasos e dessincronias nesses processos. A metodologia para cálculo dos prejuízos dos congestionamentos deve incluir, portanto, o ponto de vista direto da produção: os custos e perdas provenientes

CAPÍTULO V

Para alcançar um caminho que possa levar a uma proposta de gestão compartilhada, especificamente no diz respeito a instância decisória, uma breve análise de estruturas existentes, foi o caminho eleito como linha de raciocínio para a proposição posterior. Assim, a análise terá como base o Comitê de Bacia Hidrográfica e a Região Metropolitana de Belo Horizonte.

5.3.1 A gestão dos recursos hídricos

No decorrer dos anos, a sociedade construiu uma economia voltada para o consumo descomedido, razão pela qual as grandes empresas e corporações passaram a explorar os recursos naturais de maneira desenfreada, gerando assim graves problemas para o meio ambiente.

Somente entre as décadas de 1960 e 1970, época em que os impactos ambientais passaram a ser evidentes, a sociedade começou a se preocupar com a degradação ambiental, buscando adotar uma nova consciência para o tema.

Decorrente disso, dentre os problemas ambientais, destaca-se a disponibilidade hídrica do planeta. Considerando que houve uma intensificação da captação e do uso da água, somado a falta de planejamento e gestão para tais atividades, a sociedade ficou diante do uso irracional dos recursos hídricos e, consequentemente, as diversas possibilidades de uso da água ficaram restritas.

Em 1987, foi aprovada em Assembleia Geral Ordinária da Associação Brasileira de Recursos Hídricos a Carta de Salvador, que tratou sobre a necessidade de descentralização do processo decisório na gestão de recursos hídricos,[277] de maneira a integrar a participação das comunidades envolvidas.

---

tanto de atrasos dos trabalhadores quanto das dificuldades no fornecimento intermediário entre empresas, que tornarão mais lenta a produção – e o completamento do ciclo, com o consumo final. Vide MORAES NETTO, Vinicius. A urbanização no coração da economia: O papel das cidades no crescimento econômico. *Arquitextos*, São Paulo, ano 11, n. 126.02, Vitruvius, nov.2010. Disponível em: <http://www.vitruvius.com.br/revistas/read/arquitextos/11.126/3655>. Acesso em: 30 set. 2016.

[277] O território brasileiro contém cerca de 12% de toda a água doce do planeta. Ao todo, são 200 mil microbacias espalhadas em 12 regiões hidrográficas, como as bacias do São Francisco, do Paraná e a Amazônica (a mais extensa do mundo e 60% dela localizada no Brasil). É um enorme potencial hídrico, capaz de prover um volume de água por pessoa 19 vezes superior ao mínimo estabelecido pela Organização das Nações Unidas (ONU) – de 1.700 m³/s por habitante por ano. Disponível em: <http://www.mma.gov.br/agua>. Acesso em: 10 set. 2016

No Brasil, com a volta do regime democrático, a União ficou responsável pela instituição do Sistema Nacional de Gerenciamento de Recursos Hídricos.[278] Nesse contexto, em 1998, foi promulgada a Lei Federal nº 9433 que definiu a Política Nacional dos Recursos Hídricos e instituiu o Sistema Nacional de Gerenciamento de Recursos Hídricos (Singreh).[279]

Dentre os órgãos[280] que compõem o Sistema Nacional de Gerenciamento de Recursos Hídricos, conforme o artigo 33, inciso III da supracitada lei, temos os Comitês de Bacia Hidrográfica, a fim de possibilitar a harmonia e conciliação de interesses em relação ao uso da água.

Em âmbito estadual, os Estados brasileiros passaram a implantar leis que tratassem da gestão dos recursos hídricos. Como forma de assegurar a participação social, tais leis previram a criação de órgãos

---

[278] Constituição Federal de 1988, artigo 21, inciso XIX: Compete à União instituir sistema nacional de gerenciamento de recursos hídricos e definir critérios de outorga de direitos de seu uso.
[279] Sistema Nacional de Gerenciamento de Recursos Hídricos

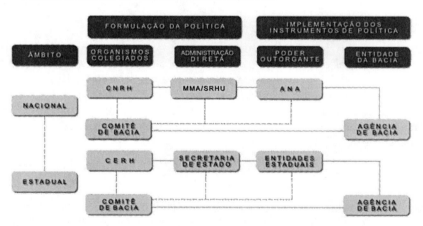

[280] Art. 33. Integram o Sistema Nacional de Gerenciamento de Recursos Hídricos: (Redação dada pela Lei 9.984, de 2000)
I – o Conselho Nacional de Recursos Hídricos; (Redação dada pela Lei 9.984, de 2000
I-A. – a Agência Nacional de Águas; (Incluído pela Lei 9.984, de 2000)
II – os Conselhos de Recursos Hídricos dos Estados e do Distrito Federal; (Redação dada pela Lei 9.984, de 2000)
III – os Comitês de Bacia Hidrográfica; (Redação dada pela Lei 9.984, de 2000)
IV – os órgãos dos poderes públicos federal, estaduais, do Distrito Federal e municipais cujas competências se relacionem com a gestão de recursos hídricos; (Redação dada pela Lei 9.984, de 2000)
V – as Agências de Água. (Redação dada pela Lei 9.984, de 2000)

colegiados, quais sejam: os conselhos de recursos hídricos e os comitês da bacia hidrográfica.

Diante disso, a administração hídrica é um processo em que novos caminhos teóricos e práticos são propostos e adotados visando a estabelecer uma relação alternativa entre o nível governamental e as demandas sociais e gerir os diferentes interesses existentes.[281]

5.3.1.1 O Sistema Nacional de Gerenciamento de Recursos

A Lei Federal nº 9.433/97 instituiu que o Sistema Nacional de Gerenciamento de Recursos Hídricos é composto dos seguintes órgãos gestores: (I) Conselho Nacional de Recursos Hídricos – órgão de maior hierarquia do sistema, ao qual possui ampla gestão dos recursos hídricos ao nível federal; (II) Agência Nacional de Águas – outorga e fiscaliza o uso dos recursos hídricos; (III) os Conselhos de Recursos Hídricos dos Estados e do Distrito Federal – tem a competência para solucionar conflitos e contribuir para a elaboração da Política de Recursos Hídricos; (IV) os Comitês de Bacia Hidrográfica – têm como principal competência a aprovação do Plano de Recursos Hídricos da Bacia Hidrográfica; (V) os órgãos dos poderes públicos federal, estaduais, do Distrito Federal e municipais, cujas competências se relacionem com a gestão de recursos hídricos; (VII) as Agências de Água – fornecem assessoria técnica e administrativa aos comitês.

5.3.1.2 O Comitê de bacia hidrográfica

O Comitê é um ente de Estado, sem personalidade jurídica, e sua composição comporta representantes das entidades civis de recursos hídricos, dos usuários e do poder público (da esfera federal, estadual, distrital e municipal – com no máximo 50% do total dos representantes). A governança descentralizada estabelecida pelos comitês surge como um avanço, promovendo uma gestão mais democrática e proporcionando uma busca por um equilíbrio entre os diversos interesses sociais.[282]

---

[281] CAMPOS, Valéria Nagy de Oliveira; FRANCALANZA, Ana Paula. Governança das águas no Brasil: conflitos pela apropriação da água e a busca da integração como consenso. *Ambiente & Sociedade*, v. 13, n. 2, Campinas, 2010, p. 368.

[282] ESPINOZA, Rodrigo Freitas. Desafios e avanços na governança das águas: apontamentos da literatura sobre a gestão descentralizada de recursos hídricos no Brasil. *Caderno Eletrônico de Ciências Sociais*, v. 1, n. 1, Vitória, 2013. p. 121-139.

O comitê de bacia hidrográfica é um colegiado com competências normativas, consultivas e deliberativas sobre o bem público – água. Sua criação está adstrita ao domínio dos rios: se de domínio da União, o comitê será aprovado pelo Conselho Nacional Recursos Hídricos e criado mediante a edição de Decreto do Presidente da República; se de domínio do Estado, o comitê será aprovado pelos Conselho Estadual Recursos Hídricos e criados pelo chefe do Executivo Estadual.

Surge aqui a principal justificativa para utilizarmos o Comitê de Bacia Hidrográfica, que não obedece necessariamente a limites administrativos de determinado Estado ou Município. Ele se rege sob os limites dos domínios dos rios, que podem ocupar dois ou mais municípios de um ou mais Estados e assim por diante. O mesmo ocorre com as regiões metropolitanas: elas não obedecem necessariamente aos limites territoriais do Estado

A Lei das Águas determina que o comitê da Bacia Hidrográfica será composto por representantes da União, dos Estados, do Distrito Federal, dos municípios, dos usuários e da sociedade civil. Quanto ao número de representantes e critérios de escolha, estabeleceu-se que o regimento interno faria a definição, fixando somente que o poder público teria o limite de 50% do total de membros.

A Resolução CNRH nº 5/2000, posteriormente alterada pela Resolução CNRH nº 24/2002, definiu a composição do comitê em rios de domínio da União: ao poder público[283] ficou reservado o limite máximo de 40% do total de votos; às entidades civis, 20% do total de votos, proporcional à população residente no território de cada Estado e do Distrito Federal e garantida a participação de pelo menos um representante por Estado e do Distrito Federal; e 40% do total de votos aos usuários de recursos hídricos. Não obstante, existem comitês de bacias estaduais que não apresentam esses percentuais, em razão de sua criação ter ocorrido em data anterior à referida resolução.

Em São Paulo, a Lei nº 7.663/91 estabelece normas de orientação à Política Estadual de Recursos Hídricos, bem como ao Sistema Integrado de Gerenciamento de Recursos Hídricos, criando os órgãos colegiados consultivos e deliberativos de nível estratégico: o Conselho Estadual de Recursos Hídricos (CRH), de nível central; e Comitês de Bacias Hidrográficas, com atuação em unidades hidrográficas estabelecidas pelo Plano Estadual de Recursos Hídricos. A composição assim está disposta:

---

[283] União, Estados, Distrito Federal e Municípios.

Artigo 23 - O Conselho Estadual de Recursos Hídricos, assegurada a participação paritária dos Municípios em relação ao Estado, será composto por:

I - Secretários de Estado, ou seus representantes, cujas atividades se relacionem com o gerenciamento ou uso dos recursos hídricos, a proteção do meio ambiente, o planejamento estratégico e a gestão financeira do Estado;

II - Representantes dos municípios contidos nas bacias hidrográficas, eleitos entre seus pares.

§1º - O CRH será presidido pelo Secretário de Estado em cujo âmbito se dá a outorga do direito de uso dos recursos hídricos, diretamente ou por meio de entidade a ela vinculada.

§2º - Integrarão o Conselho Estadual de Recursos Hídricos, na forma como dispuser o regulamento desta lei, representantes de universidades, institutos de ensino superior e de pesquisa, do Ministério Público e da sociedade civil organizada.

Artigo 24 - Os Comitês de Bacias Hidrográficas, assegurada a participação paritária dos Municípios em relação ao Estado serão compostos por:

I - Representantes da Secretaria de Estado ou de órgãos e entidade da administração direta e indireta, cujas atividades se relacionem com o gerenciamento ou uso de recursos hídricos, proteção ao meio ambiente, planejamento estratégico e gestão financeira do Estado, com atuação na bacia hidrográfica correspondente;

II - Representantes dos municípios contidos na bacia hidrográfica correspondente;

III - Representantes de entidades da sociedade civil, sediadas na bacia hidrográfica, respeitado o limite máximo de um terço do número total de votos, por:

a) universidades, institutos de ensino superior e entidades de pesquisa e desenvolvimento tecnológico;

b) usuários das águas, representados por entidades associativas;

c) associações especializadas em recursos hídricos, entidades de classe e associações comunitárias, e outras associações não governamentais.

§1º - Os Comitês de Bacias Hidrográficas serão presididos por um de seus membros, eleitos por seus pares.

§2º - As reuniões dos Comitês de Bacias Hidrográficas serão públicas.

§3º - Os representantes dos municípios serão escolhidos em reunião plenária de prefeitos ou de seus representantes.

§4º - Terão direito a voz nas reuniões dos Comitês de Bacias Hidrográficas representantes credenciados pelos Poderes Executivo e Legislativo dos Municípios que compõem a respectiva bacia hidrográfica.

§5º - Os Comitês de Bacias Hidrográficas poderão criar Câmaras Técnicas, de caráter consultivo, para o tratamento de questões específicas de interesse para o gerenciamento dos recursos hídricos

A Política Nacional de Recursos Hídricos estabelece que todos os comitês tenham competências de caráter deliberativo, propositivo e consultivos. Assim, no âmbito de sua área de atuação, os comitês têm as seguintes funções: promover o debate das questões relacionadas a recursos hídricos e articular a atuação das entidades intervenientes; arbitrar, em primeira instância administrativa, os conflitos relacionados aos recursos hídricos; aprovar o Plano de Recursos Hídricos da bacia; acompanhar a execução do Plano de Recursos Hídricos da bacia e sugerir as providências necessárias ao cumprimento de suas metas; propor ao Conselho Nacional e aos Conselhos Estaduais de Recursos Hídricos as acumulações, derivações, captações e lançamentos de pouca expressão, para efeito de isenção da obrigatoriedade de outorga de direitos de uso de recursos hídricos, de acordo com os domínios destes estabelecer os mecanismos de cobrança pelo uso de recursos hídricos e sugerir os valores a serem cobrados; estabelecer critérios e promover o rateio de custo das obras de uso múltiplo, de interesse comum ou coletivo.[284]

Considerando que os comitês não possuem competência de cunho executivo, foi necessária a criação da Agência de Água ou Agência da Bacia para dar o suporte técnico aos comitês e exercer a função de secretaria-executiva.

Verifica-se, portanto, que os Comitês têm um papel importante e a capacidade para representar mudança no cenário ambiental de determinada região. Nesse sentido, é fundamental que haja uma percepção da população sobre a importância da participação no Comitê a fim de contribuir com uma gestão eficaz dos recursos hídricos.

Os desafios e expectativas após a implementação dos comitês são grandes, uma vez que são compostos por representantes que até então não interagiam entre si, com interesses, visões e objetivos diversos sobre as questões de recursos hídricos.

Sendo assim, é crucial que exista um planejamento estratégico institucional de maneira a proporcionar, dentre outros, uma harmonização entre seus membros, definir os temas que merecem tratamento prioritário, definir a estrutura do comitê e conhecer a realidade da bacia hidrográfica em questão.

5.3.1.3 Estrutura organizacional dos comitês e a tomada de decisão

A estrutura organizacional dos comitês dispõe de: Plenário, Diretoria, Câmaras Técnicas, Grupos de Trabalho e Secretaria-Executiva.

---

[284] Artigo 38 da Lei nº 9433/97.

O Plenário de um comitê representa a instância máxima e é composto por membros do poder público, usuários e organizações civis. Vale ressaltar que, no caso de comitê que tratem de terras indígenas, é indispensável a presença de um representante da Fundação Nacional do Índio (FUNAI) e dos povos indígenas residentes no local. O número de membros e votos dos representantes, bem como os critérios para realização de reuniões ordinárias e extraordinárias são definidos no decreto de criação ou no regimento interno. A diretoria é necessariamente composta por, no mínimo, um presidente e um secretário.

As Câmaras Técnicas são criadas pelo Plenário, o qual irá estipular suas funções, composição e funcionamento. Em suma, as câmaras têm um papel consultivo, permanente e atuam de acordo com a demanda do plenário e da diretoria a fim de subsidiar a tomada de decisões do comitê.

Os Grupos de Trabalho são criados pelo Plenário ou pela Câmara Técnica para atuar na análise ou execução de questões pontuais e específicas, razão pela qual normalmente têm caráter temporário.

A Secretaria-Executiva representa o apoio administrativo, técnico, logístico e operacional ao comitê. De acordo com o artigo 41[285] da Lei das Águas, a secretaria deve ser exercida pela Agência de Água.[286]

---

[285] Art. 41. As Agências de Água exercerão a função de secretaria executiva do respectivo ou respectivos Comitês de Bacia Hidrográfica.

[286] As Agências de Água integram o Sistema Nacional de Gerenciamento dos Recursos Hídricos e a sua criação deve ser solicitada pelo Comitê de Bacia Hidrográfica e autorizada pelo respectivo Conselho de Recursos Hídricos. A viabilidade financeira de uma Agência deve ser assegurada pela cobrança pelo uso de recursos hídricos em sua área de atuação. Além de exercerem a função de secretaria executiva do Comitê de Bacia Hidrográfica, compete as Agências de Água:
I - manter balanço atualizado da disponibilidade de recursos hídricos em sua área de atuação;
II - manter o cadastro de usuários de recursos hídricos;
III - efetuar, mediante delegação do outorgante, a cobrança pelo uso de recursos hídricos;
IV - analisar e emitir pareceres sobre os projetos e obras a serem financiados com recursos gerados pela cobrança pelo uso de Recursos Hídricos e encaminhá-los à instituição financeira responsável pela administração desses recursos;
V - acompanhar a administração financeira dos recursos arrecadados com a cobrança pelo uso de recursos hídricos em sua área de atuação;
VI - gerir o Sistema de Informações sobre Recursos Hídricos em sua área de atuação;
VII - celebrar convênios e contratar financiamentos e serviços para a execução de suas competências;
VIII - elaborar a sua proposta orçamentária e submetê-la à apreciação do respectivo ou respectivos Comitês de Bacia Hidrográfica;
IX - promover os estudos necessários para a gestão dos recursos hídricos em sua área de atuação;

No entanto, se a Agência de Água não existe, como é o caso da maioria dos comitês instalados[287] no país, as atividades de secretaria-executiva vêm sendo realizadas de formas diversas. Para comitês de bacias interestaduais, a Agência Nacional de Águas (ANA) tem implantado estruturas a ela vinculadas para prestação dos serviços a esses colegiados. No caso dos comitês criados no âmbito dos estados, as soluções são as mais diversas.[288]

Diante do surgimento de uma situação de conflito pelo uso da água, o comitê é o primeiro órgão administrativo a ser acionado. O processo de discussão e decisão do comitê deriva de articulações, mensuração dos conflitos, discussões, negociações e votações em plenárias devidamente embasadas por estudos técnicos.

Em geral, as discussões se iniciam no Plenário do Comitê que, se julgar necessário, pode recorrer às Câmaras Técnicas ou aos Grupos de Trabalho, onde as questões são estudadas, ponderadas e discutidas detalhadamente. Imperioso destacar que a Diretoria não delibera sobre matérias de competência do comitê, é uma instância de decisão interna quanto a aspectos administrativos.

Para temas de maior amplitude ou de natureza polêmica, os comitês realizam oficinas ou consultas públicas que buscam envolver maior número de pessoas da bacia, além dos integrantes do comitê. Esse procedimento objetiva não apenas disseminar informações com a sociedade, esclarecer dúvidas e apontar direcionamentos, como também coletar dados e informações que subsidiem as suas discussões e o posicionamento final do plenário, em relação a temas mais polêmicos.[289]

X - elaborar o Plano de Recursos Hídricos para apreciação do respectivo Comitê de Bacia Hidrográfica;

XI - propor ao respectivo ou respectivos Comitês de Bacia Hidrográfica:

a) o enquadramento dos corpos de água nas classes de uso, para encaminhamento ao respectivo Conselho Nacional ou Conselhos Estaduais de Recursos Hídricos, de acordo com o domínio destes;

b) os valores a serem cobrados pelo uso de recursos hídricos;

c) o plano de aplicação dos recursos arrecadados com a cobrança pelo uso de recursos hídricos;

d) o rateio de custo das obras de uso múltiplo, de interesse comum ou coletivo. Disponível em:<http://www2.ana.gov.br/Paginas/servicos/cobrancaearrecadacao/AgenciasAgua. aspx,>. Disponível em: 1º out. 2016

[287] De acordo com informações da Agencia Nacional da Água, temos cinco agências de água no país: AGEVAP (desde 2004), Agência de Águas PCJ (desde 2006), ABHA (desde 2012), IBio AGB-Doce (desde 2011) e AGB Peixe Vivo (desde 2010)

[288] AGÊNCIA NACIONAL DE ÁGUAS. O Comitê de Bacia Hidrográfica: prática e procedimento. Cadernos de capacitação em recursos hídricos, v. 2, Brasília, SAG, 2011, p. 19.

[289] Ibidem, p. 19.

CAPÍTULO V
CONTEXTUALIZAÇÃO DAS DIFICULDADES DA GESTÃO METROPOLITANA | 157

Após o consenso ou votação na reunião plenária, a decisão é transformada em Deliberação – quando se tratar de decisão relacionada às competências legais do comitê – ou Moção – quando se tratar de manifestação de qualquer outra natureza, relacionada às finalidades do comitê – para formalizar e divulgar o entendimento.

Caso o conflito não seja devidamente resolvido ou, ainda, caso a decisão não atenda satisfatoriamente às partes envolvidas, é possível recorrer ao Conselho de Recursos Hídricos pertinente, como segunda instância[290] administrativa. Outrossim, é viável recorrer a instâncias judiciais.

A estrutura de governança na política de recursos hídricos[291] estabeleceu como referência de gestão a bacia hidrográfica, buscou descentralização espalhando conselhos para discussão. Sendo que o sistema de comitês tem como base a descentralização, integração e participação.

---

[290] O processo administrativo, no âmbito da União, deve seguir os ditames da Lei Federal nº 9.784/1999, a qual pressupõe as seguintes fases: (I) Apresentação do problema/conflito ao comitê, mediante documento escrito e, dependendo do regulamento interno, é possível admitir a solicitação oral; (II) o Comitê determinará a citação dos interessados para eventuais diligências; (III) Em se tratando de questões de interesse geral, deverá haver consultas públicas na bacia hidrográfica; (IV) Após a instrução do processo, o comitê tem o prazo de 30 dias para decidir – caso haja necessidade de dilação de prazo, este deve ser devidamente motivado e poderá ser prorrogado por igual período; (V) Após a intimação da decisão, os interessados poderão interpor recurso administrativo no prazo de 10 dias – salvo disposição contrária em lei, o prazo máximo para decisão do recurso é de 30 dias podendo ser prorrogado por igual período desde que devidamente justificado.

[291] Não é o objetivo deste trabalho avaliar a qualidade dessa descentralização e em que medida se conseguiu evitar as assimetrias. Alguns trabalhos caminham nessa direção: ESPINOZA, Rodrigo de Freitas. Desafios e avanços na governança das águas: apontamentos da literatura sobre a gestão descentralizada de recursos hídricos no Brasil. *Caderno eletrônico de Ciências Sociais*, Vitória, v. 1, n. 1, p. 121-139.
FRACALANZA, Ana Paula; SINISGALL, Paulo Antonio de Almeida. Conflitos de uso da água do reservatório Billings. In: JACOBI, P. R. (org). *Atores e processos na governança da água no estado de São Paulo*. São Paulo: Annablume, p. 61-86.
GRANJA, S. I. B.; WARNER, J. 2006. A hidropolítica e o federalismo: possibilidades de construção da subsidiariedade na gestão das águas no Brasil? *Revista de Administração Pública*, Rio de Janeiro, v. 40, n. 6, p. 1097-1121.
ZHOURL, Andréa. Justiça ambiental, diversidade cultural e accountability: desafios para a governança ambiental. *Revista Brasileira de Ciências Sociais*, São Paulo, v. 23, n. 68, out. 2008. p. 97-107.

5.4 Região Metropolitana de Belo Horizonte

Em Minas Gerais, Emenda à Constituição nº 65, de 2004,[292] define o sistema de gestão metropolitana do estado. A Lei Complementar 89, de 12 de janeiro de 2006, cria a Região Metropolitana de Belo Horizonte, lista um rol[293] de funções públicas de interesse comum.

---

[292] Art. 43 – Considera-se função pública de interesse comum a atividade ou o serviço cuja realização por parte de um Município, isoladamente, seja inviável ou cause impacto nos outros Municípios integrantes da região metropolitana.
§1º - A gestão de função pública de interesse comum será unificada.
§2º - As especificações das funções públicas de interesse comum serão definidas na lei complementar que instituir região metropolitana, aglomeração urbana e microrregião. .

[293] Art. 8º A atuação dos órgãos de gestão da RMBH abrangerá:
I - no transporte intermunicipal, os serviços que, diretamente ou por meio de integração física ou tarifária, compreendam os deslocamentos dos usuários entre os Municípios da RMBH, as conexões intermodais da região metropolitana, os terminais e os estacionamentos;
II - no sistema viário de âmbito metropolitano, o controle de trânsito, tráfego e infraestrutura da rede de vias arteriais e coletoras, compostas por eixos que exerçam a função de ligação entre os Municípios da RMBH;
III - as funções relacionadas com a defesa contra sinistro e a defesa civil;
IV - no saneamento básico:
a) a integração dos sistemas de abastecimento e esgoto sanitário do aglomerado metropolitano;
b) a racionalização dos custos dos serviços de limpeza pública e atendimento integrado a áreas intermunicipais;
c) a macrodrenagem de águas pluviais;
V - no uso do solo metropolitano, as ações que assegurem a utilização do espaço metropolitano sem conflitos e sem prejuízo à proteção do meio ambiente;
VI - no aproveitamento dos recursos hídricos, as ações voltadas para:
a) a garantia de sua preservação e de seu uso, em função das necessidades metropolitanas;
b) a compensação aos Municípios cujo desenvolvimento seja afetado por medidas de proteção dos aqüíferos;
VII - na distribuição de gás canalizado, a produção e comercialização por sistema direto de canalização;
VIII - na cartografia e informações básicas, o mapeamento da região metropolitana e o subsídio ao planejamento das funções públicas de interesse comum;
IX - na preservação e proteção do meio ambiente e no combate à poluição, as ações voltadas para:
a) o estabelecimento de diretrizes ambientais para o planejamento;
b) o gerenciamento de recursos naturais e preservação ambiental;
X - na habitação, a definição de diretrizes para localização habitacional e programas de habitação;
XI - no sistema de saúde, a instituição de planejamento conjunto de forma a garantir a integração e a complementação das ações das redes municipais, estadual e federal;
XII - no desenvolvimento socioeconômico, as funções públicas estabelecidas nos planos, programas e projetos contidos no Plano Diretor de Desenvolvimento Integrado.
§1º Os planos diretores dos Municípios integrantes da RMBH serão orientados pelo Plano Diretor de Desenvolvimento Integrado quanto às funções públicas de interesse comum.
§2º Os planos específicos de uso do solo que envolvam área de mais de um Município serão coordenados em nível metropolitano, com a participação dos Municípios e órgãos setoriais envolvidos

CAPÍTULO V
CONTEXTUALIZAÇÃO DAS DIFICULDADES DA GESTÃO METROPOLITANA | 159

O sistema está assentado em três alicerces: Assembleia Metropolitana, Conselho Deliberativo de Desenvolvimento Metropolitano e Agência de Desenvolvimento Metropolitano. A Assembleia Metropolitana é o órgão de decisão superior e de representação dos Municípios da região. A Constituição mineira assim estabelece:

Art. 46 – Haverá em cada região metropolitana: I – uma Assembleia Metropolitana; II – um Conselho Deliberativo de Desenvolvimento Metropolitano; III – uma Agência de Desenvolvimento, com caráter técnico e executivo;

§1º – A Assembleia Metropolitana constitui o órgão colegiado de decisão superior e de representação do Estado e dos municípios na região metropolitana, competindo-lhe:

I – definir as macrodiretrizes do planejamento global da região metropolitana

II – vetar, por deliberação de pelo menos dois terços de seus membros, resolução emitida pelo Conselho Deliberativo de Desenvolvimento Metropolitano.

$ 1º. Fica assegurada, para fins de deliberação, representação paritária entre o Estado e os municípios da região metropolitana na assembleia metropolitana, nos termos da lei complementar.

Sua composição, estabelecida pela Lei complementar 88/2006, é de 4 (quatro) integrantes do Poder Executivo Estadual e 1 (um) representante da Assembleia Legislativa, pelo Prefeito e pelo Presidente da Câmara Municipal de cada um dos Municípios que compõem a Região Metropolitana.[294]

As reuniões ordinárias acontecerão uma vez por ano e as extraordinárias mediante convocação. O voto dos representantes do Estado na assembleia terá peso equivalente à metade dos votos no Plenário. Ou seja, os votos dos representantes municipais, que totalizam 68 (sessenta e oito) representantes, têm o mesmo peso dos representantes do estado, que totalizam 4 (quatro). Em razão do mecanismo de votação ponderada entre as instâncias municipal e estadual, a representação dos municípios se equivale à do estado.

---

[294] A Região metropolitana possui 34 municípios (mais 16 municípios integrantes do colar metropolitano, cuja participação na assembleia é assegurada mediante resolução quando diretamente envolvido no processo), sendo, portanto, 68 representantes municipais. Representando o Estado, são 4 (quatro): Secretário Extraordinário de Gestão Metropolitana; de Planejamento e Gestão, de Desenvolvimento Econômico e Transportes e Obras Públicas (Decreto nº 45.212/09, alterada pelo Decreto nº 45.637/11) e um representante da Assembleia Legislativa.

Sua competência é definir as diretrizes gerais do planejamento metropolitano e vetar, por deliberação de pelo menos dois terços dos votos válidos, se for o caso, resolução emitida pelo Conselho Deliberativo. A participação das instâncias públicas foi delineada pela Assembleia Metropolitana quanto ao prestígio de tais reuniões junto aos prefeitos. O IPEA apresenta o seguinte resultado:

> O problema que se constata na prática é que as reuniões da Assembleia Metropolitana não são muito prestigiadas pelos prefeitos, a despeito do fato de muitos deles a considerarem uma instância na qual são tomadas decisões importantes para a RM de Belo Horizonte. [...] A exigência de um quórum de dois terços de seus membros para validar as suas deliberações e resoluções dificulta bastante o processo de aprovação das decisões a ela submetidas. Dos 31 prefeitos entrevistados, uma minoria admitiu comparecer às reuniões da Assembleia Metropolitana (12,9%). Cerca de 70% deles afirmam que não comparecem às reuniões, ou o fazem esporadicamente.[295]

Não obstante as dificuldades na participação dos municípios na Assembleia, o próprio IPEA afirma que sua existência garante segurança ao arranjo institucional, posto que seu papel é muito importante num arranjo elaborado a partir de um sistema de pesos e contrapesos. A Assembleia tem referendado as decisões do Conselho porque não tem tido motivos para agir de forma contrária.[296]

O Conselho Deliberativo é uma instância colegiada com representação do Estado, dos municípios e da sociedade civil organizada, com atribuições atinentes ao planejamento da região, à execução das funções públicas de interesse comum e detém a prerrogativa de deliberar sobre a gestão do Fundo de Desenvolvimento Metropolitano. Sua composição é de 5 (cinco) representantes do Poder Executivo estadual; 2 (dois) representantes da Assembleia Legislativa do Estado de Minas Gerais; 2 (dois) representantes do Município de Belo Horizonte; 1 (um) representante do Município de Contagem; 1 (um) representante do município de Betim; 3 (três) representantes dos demais Municípios integrantes da RMBH; 2 (dois) representantes da sociedade civil organizada.

O IPEA considerou que, com vistas a evitar a inoperância verificada na Assembleia Metropolitana de 1993, o legislador buscou um equilíbrio de forças entre estado, municípios mais empoderados

---

[295] IPEA. *Relatório de Pesquisa Caracterização e Quadros de Análise Comparativa da Governança Metropolitana no Brasil:* arranjos institucionais de gestão metropolitana (Componente 1) Governança Metropolitana no Brasil Região Metropolitana de Belo Horizonte. Disponível em: <http://www.ipea.gov.br/redeipea/images/pdfs/governanca_metropolitana/rel1_1_rmbh.pdf>. Acesso em: 01 out. 2016.

[296] *Ibidem.*

CAPÍTULO V
CONTEXTUALIZAÇÃO DAS DIFICULDADES DA GESTÃO METROPOLITANA | 161

e municípios menores e com menos recursos, representativos da maioria.[297] As deliberações dos Conselhos serão aprovadas com voto favorável de três quartos de seus membros.

Os representantes da sociedade civil organizada e dos demais municípios serão eleitos em Conferência Metropolitana, para mandato de 2 (dois) anos, permitida uma recondução e, também, poderá candidatar-se a membro o cidadão metropolitano, assim considerado aquele que residir no mínimo há 2 (dois) anos na região metropolitana.

Os representantes da sociedade civil criaram um espaço inovador, se organizaram em torno de um colegiado. Mais uma vez o relatório do IPEA:

> Na I Conferência Metropolitana, realizada em 2007, a sociedade civil se organizou criando uma instância intitulada Colegiado Metropolitano. Naquela ocasião, ficou definido pelo poder público que a escolha dos representantes da sociedade civil se daria dentro de um rol predefinido de cinco segmentos: empresários, movimentos sociais, ONGs, entidades profissionais de pesquisa e ensino, e sindicatos de trabalhadores. Nos termos do Edital de Convocação, poderiam ser inscritos até 136 delegados da sociedade civil para participar da Conferência. Após uma etapa de pré-eleição, cada um dos cinco segmentos selecionaria quatro representantes, totalizando vinte candidatos. Na Conferência Metropolitana seriam eleitos quatro conselheiros dentre estes vinte, dois titulares e dois suplentes. Os representantes da sociedade civil, então, estabeleceram um pacto, segundo o qual os conselheiros seriam porta-vozes, no Conselho Metropolitano, de todo aquele grupo. Criaram o Colegiado Metropolitano que passou a se reunir com periodicidade, conferindo legitimidade aos representantes do Conselho. Os vinte membros do colegiado representavam as vinte instituições selecionadas na pré-eleição. Na II Conferência Metropolitana, em 2009, o número de membros do colegiado foi ampliado para trinta, na razão de seis representantes para cada um dos cinco segmentos.[298]

A Agência Metropolitana foi criada pela Lei Complementar nº 107/2009, na forma de autarquia territorial e especial com caráter técnico e executivo, para fins de planejamento, assessoramento e regulação urbana, viabilização de instrumentos de desenvolvimento integrado da Região Metropolitana de Belo Horizonte (RMBH) e apoio à execução de funções públicas de interesse comum.

---

[297] *Ibidem*, p. 27.

[298] IPEA. *Relatório de Pesquisa Caracterização e Quadros de Análise Comparativa da Governança Metropolitana no Brasil*: arranjos institucionais de gestão metropolitana (Componente 1) Governança Metropolitana no Brasil Região Metropolitana de Belo Horizonte. Disponível em: <http://www.ipea.gov.br/redeipea/images/pdfs/governanca_metropolitana/rel1_1_rmbh.pdf>. Acesso em: 01 out. 2016 p. 25.

A sua direção é colegiada e somente a nomeação do Diretor-Geral será feita pelo Governador do Estado, a partir de lista tríplice elaborada pelo Conselho de Desenvolvimento Metropolitano, na forma do regulamento, e dependerá de aprovação prévia da Assembleia Legislativa. Nas demais diretorias, a nomeação é de livre provimento do Governador. Criou-se também Observatório de Políticas Metropolitanas, que articula com órgãos e entidades com atuação na área de pesquisa, com a finalidade de assegurar a produção e disseminação de conhecimento na área de governança metropolitana.

O fundo metropolitano tem como objetivo o financiamento da implantação de programas e projetos estruturantes e a realização de investimentos relacionados com as funções públicas de interesse comum. Os recursos destinados ao fundo são aportados na proporção de 50% (cinquenta por cento) de recursos do Estado e 50% (cinquenta por cento) de recursos dos Municípios que integram a região metropolitana, proporcionalmente à receita corrente líquida de cada município.

O plano de ação da Agência intitula-se 'Pacto Metropolitano pela Sustentabilidade' e se assenta nos seguintes pilares: integração das funções públicas de interesse comum e articulação com órgãos e instituições com atuação no espaço metropolitano. As doze funções públicas de interesse comum, descritas na Lei Complementar nº 89/2006, foram agrupadas em seis programas, considerando a sua afinidade temática.

Nos dois primeiros anos de atuação, a Agência RM de Belo Horizonte investiu na articulação com as instituições que atuavam com as Fpics. O plano de trabalho era intitulado Pacto Metropolitano para a Sustentabilidade. O primeiro passo para definir as suas vertentes de atuação foi a elaboração de um mapa institucional, em que foram identificadas as entidades públicas e privadas com atribuição na seara destas funções.

[...]

A partir de 2011, a Diretoria Colegiada optou por centrar foco em quatro Fpics. Esta seleção foi alicerçada nas diretrizes do PDDI da RM de Belo Horizonte, entregue ao governo do estado no final de 2010. As funções públicas selecionadas, com aprovação do Conselho Deliberativo da RM, foram: mobilidade, uso do solo, saneamento e gestão da informação. Estas ações estão inseridas nos PEs, sobre os quais discorreremos adiante.[299]

---

[299] IPEA. *Relatório de Pesquisa Caracterização e Quadros de Análise Comparativa da Governança Metropolitana no Brasil*: arranjos institucionais de gestão metropolitana (Componente 1) Governança Metropolitana no Brasil Região Metropolitana de Belo Horizonte. Disponível em: <http://www.ipea.gov.br/redeipea/images/pdfs/governanca_metropolitana/rel1_1_rmbh.pdf>. Acesso em: 01 out. 2016, p.38.

Em Belo Horizonte, temos Assembleia Metropolitana, Conselho Deliberativo e Agencia Metropolitana, que são a fonte de uma rede de articulação. A governança encontra-se em processo de consolidação e o desafio é a motivação para uma ação colaborativa, principalmente dos municípios.

5.5 Governança Metropolitana

Fica claro que na metrópole a cidade real se opõe à cidade formal. Portanto, a metrópole é espaço dicotômico e contraditório, posto que há forte potencial econômico e, também, há gigantes problemas sociais.

Assim, a Governança Metropolitana é um instrumento de gestão para a Administração Pública alcançar um Estado Eficiente, que se perfaz na capacidade dos governos de governar, isto é, de planejar/formular, implementar políticas públicas, cumprindo sua função nos termos prescritos pela ordem jurídica.

A consolidação de uma metrópole é decorrência de vários fatores, como já visto no presente trabalho. Como um dos resultados dessa metrópole, haverá sempre a transformação de um município em munícipio polo. Em torno dele gravita todo o processo metropolitano e esse município sozinho não tem condições de apresentar respostas ou soluções para todo o seu entorno.

Aliado a isso, o mundo contemporâneo vivencia a era globalizada, na qual os municípios, integrantes de área metropolitana, individualmente não possuem condições de produzir força econômica competitiva e de atender de modo eficiente a população.

Dentro do panorama federativo, a área metropolitana não é unidade política, mas localidade fundamental na dinâmica econômica e social. Nesse contexto, necessita de arranjos de gestão que concretize a solidariedade territorial como meio da igualdade material.

A intrincada relação entre Estado Federado e municípios deve partir do entendimento conjunto da necessidade de uma identidade metropolitana, ou seja, que aquele grupo de munícipios, independente de desejos pessoais ou políticos, integra uma localidade com grandes dimensões econômicas, com potencial de crescimento, que possuem problemas comuns e questões sociais que precisam urgentemente de solução adequada para a população. Dessa união solidária os resultados serão sempre positivos.

Essa identidade territorial, compreendida e assimilada com responsabilidade pelos atores estatais, deve ser objeto de conscientização da sociedade local e compartilhada a necessidade de se estabelecer relações intergovernamentais. A sociedade civil de cada município e do Estado-membro deve conhecer os problemas relativos aos serviços comuns, propiciando o intercâmbio de informação sobre as demandas necessárias de solução. Essa interação gerará um ciclo virtuoso no qual troca de experiências exitosas ou o compartilhamento de problemas poderá gerar soluções.

Assim, há a necessidade clara de arranjos institucionais e territoriais não convencionais, em que a interação política e os padrões de decisão devem ser harmônicos, considerando a complexidade técnica e centralidade decisória para a criação de projetos estruturantes que orientem o caminho, evitando imediatismos ou ações reparadoras dos governos.

Se a identidade territorial metropolitana for assimilada e assumida, a busca pela negociação entre o confronto de interesse e as alternativas será mais exitosa. Nesse aspecto, o Estatuto da Metrópole claramente aponta a governança metropolitana como um instrumento que visa ao planejamento, à gestão e execução de funções públicas de interesse comum, garantindo o compartilhamento de responsabilidades e ações.

Do ponto de vista jurídico institucional, o instrumento governança metropolitana estará inserto no âmbito de uma estrutura de boa gestão. Em nosso sistema normativo, temos a administração direta e a administração indireta. No caso em questão, só nos interessa a figura da autarquia[300] em razão dos poderes que lhe são correlatos, em especial o poder de polícia. A decisão do STF na Adin 1842 apresenta a gestão efetivada por uma autarquia territorial.

Não obstante, somente uma pessoa jurídica não terá o condão de estabelecer a rede de conexões necessárias para o processo permanente e compartilhado de gestão. O próprio Estatuto da Metrópole define:

> Art. 8º A governança interfederativa das regiões metropolitanas e das aglomerações urbanas compreenderá em sua estrutura básica:
>
> I – *instância executiva composta pelos representantes do Poder Executivo dos entes federativos integrantes das unidades territoriais urbanas;*
>
> II – *instância colegiada deliberativa com representação da sociedade civil;*
>
> III – organização pública com funções técnico-consultivas; e
>
> IV – sistema integrado de alocação de recursos e de prestação de contas. *(Grifei).*

---

[300] Decreto-lei nº 200/67. Art. 5º Para os fins desta lei, considera-se: I - Autarquia - o serviço autônomo, criado por lei, com personalidade jurídica, patrimônio e receita próprios, para executar atividades típicas da Administração Pública, que requeiram, para seu melhor funcionamento, gestão administrativa e financeira descentralizada.

CAPÍTULO V
CONTEXTUALIZAÇÃO DAS DIFICULDADES DA GESTÃO METROPOLITANA | 165

Nesse contexto legal, a gestão metropolitana deverá ser estruturada com uma instância colegiada executiva e deliberativa. A instância executiva – Conselho ou Assembleia Executiva – tem poder de decisão superior. Ou seja, se o Conselho Deliberativo atuar de modo adequado e aderente às necessidades do grupo, suas decisões serão aprovadas; caso contrário, rejeitadas. A instância executiva será composta de representantes do Estado e de todos os municípios integrantes da região – para impedir a disfunção e empoderamento dos municípios, o voto do Estado terá peso maior de modo a garantir o equilíbrio nas decisões. Em havendo empate na instância executiva, o assunto deverá ser solucionado em audiência pública, cujo prazo de instalação deverá estar previamente fixado na lei instituidora.

Não há dúvida de que a democracia participativa pressupõe a participação popular e desafia o Poder Público a garantir esse direito. Inconteste, também, que a audiência pública é meio pelo qual se manifesta a participação popular nos processos de tomada de decisão Estatal e resolução coletiva de problemas comuns, na instância do Poder Executivo.[301]

Nosso sistema normativo possui várias leis[302] que positivaram sua utilização e, independentemente de legislação que a obrigue, é

---

[301] No legislativo essa garantia está estampada no plebiscito, referendo e iniciativa popular. No judiciário, a doutrina aponta a ação popular e ações coletivas, nesse sentido ver DINAMARCO, Candido Rangel. *A instrumentalidade do processo.* São Paulo: Malheiros, 2001, p. 173.

[302] *Lei Federal nº 8666/93* – Licitação e contratos – artigo 40. No início do processo de licitação, sempre que o valor estimado for superior a 100 vezes o limite previsto.
Lei Federal nº 8625/93 – lei orgânica do Ministério Público - Art. 27. Cabe ao Ministério Público exercer a defesa dos direitos assegurados nas Constituições Federal e Estadual, sempre que se cuidar de garantir-lhe o respeito:IV - promover audiências públicas e emitir relatórios, anual ou especiais, e recomendações dirigidas aos órgãos e entidades mencionadas no caput deste artigo, requisitando ao destinatário sua divulgação adequada e imediata, assim como resposta por escrito.
Lei Federal nº 9472/96 – Telecomunicações - Art. 42. As minutas de atos normativos serão submetidas à consulta pública, formalizada por publicação no Diário Oficial da União, devendo as críticas e sugestões merecer exame e permanecer à disposição do público na Biblioteca.
Lei Federal nº 9478/97 – Política energética - Art. 19. As iniciativas de projetos de lei ou de alteração de normas administrativas que impliquem afetação de direito dos agentes econômicos ou de consumidores e usuários de bens e serviços das indústrias de petróleo, de gás natural ou de biocombustíveis serão precedidas de audiência pública convocada e dirigida pela ANP. *(Redação dada pela Lei nº 12490, de 2011)*
Lei Federal nº 9784/99 – Processo Administrativo –
Art. 31. Quando a matéria do processo envolver assunto de interesse geral, o órgão competente poderá, mediante despacho motivado, abrir período de consulta pública para manifestação de terceiros, antes da decisão do pedido, se não houver prejuízo para a parte interessada.

um instrumental que vem ganhando espaço como meio garantidor da participação popular no processo decisório. De acordo com Lúcia Valle Figueiredo, a audiência pública possui a seguinte significação.

> Utilizando-nos da teoria da linguagem, podemos afirmar que a audiência publica é um evento, que, depois, feita a competente ata documentando-a, passa a ser relevante como fato administrativo, pois jurisdicizado, e absolutamente necessário para compor procedimento, a proceder – nesses casos assinalados – o ato administrativo do edital.
> [...]
> É defesa de interesse público da coletividade. A audiência pública, que nos propomos tratar, é autêntico direito difuso. Não se trata de direito individual, porém de direito público subjetivo de defesa da comunidade, somente reflexamente poderá ser direito individual.[303]

---

§1º A abertura da consulta pública será objeto de divulgação pelos meios oficiais, a fim de que pessoas físicas ou jurídicas possam examinar os autos, fixando-se prazo para oferecimento de alegações escritas.

§2º O comparecimento à consulta pública não confere, por si, a condição de interessado do processo, mas confere o direito de obter da Administração resposta fundamentada, que poderá ser comum a todas as alegações substancialmente iguais.

Art. 32. Antes da tomada de decisão, a juízo da autoridade, diante da relevância da questão, poderá ser realizada audiência pública para debates sobre a matéria do processo.

Lei nº 9868/99 – Adin- Art. 9º Vencidos os prazos do artigo anterior, o relator lançará o relatório, com cópia a todos os Ministros, e pedirá dia para julgamento.

§1º Em caso de necessidade de esclarecimento de matéria ou circunstância de fato ou de notória insuficiência das informações existentes nos autos, poderá o relator requisitar informações adicionais, designar perito ou comissão de peritos para que emita parecer sobre a questão, ou fixar data para, em audiência pública, ouvir depoimentos de pessoas com experiência e autoridade na matéria.

Lei Federal nº 9882/99 – Descumprimento de preceito fundamental- Art. 6º Apreciado o pedido de liminar, o relator solicitará as informações às autoridades responsáveis pela prática do ato questionado, no prazo de dez dias.

§1º Se entender necessário, poderá o relator ouvir as partes nos processos que ensejaram a argüição, requisitar informações adicionais, designar perito ou comissão de peritos para que emita parecer sobre a questão, ou ainda, fixar data para declarações, em audiência pública, de pessoas com experiência e autoridade na matéria.

Lei Complementar nº 101/00 – Responsabilidade fiscal- art.9º, §4º Até o final dos meses de maio, setembro e fevereiro, o Poder Executivo demonstrará e avaliará o cumprimento das metas fiscais de cada quadrimestre, em audiência pública na comissão referida no §1º do art. 166 da Constituição ou equivalente nas Casas Legislativas estaduais e municipais.

Lei Federal nº 10.257/01- Estatuto da Cidade - e Resolução nº 25 do Conselho Nacional das Cidades. No processo de elaboração do Plano Diretor e discussão de projetos de grande impacto. Artigo 40, parágrafo 4º, I.

Lei Federal nº 10.233/2001 – Reestruturação transporte aquaviário e terrestre.

Art. 68. As iniciativas de projetos de lei, alterações de normas administrativas e decisões da Diretoria para resolução de pendências que afetem os direitos de agentes econômicos ou de usuários de serviços de transporte serão precedidas de audiência pública.

[303] FIGUEIREDO, Lucia Valle. Instrumentos da administração consensual: a audiência pública e sua finalidade. *Revista Eletrônica de Direito Administrativo*, Salvador, n. 11, 2007. p. 02 e 07.

CAPÍTULO V
CONTEXTUALIZAÇÃO DAS DIFICULDADES DA GESTÃO METROPOLITANA | 167

Ponto importante a ser indagado diz respeito a utilidade da conclusão da audiência pública, para a decisão, na medida em que não haverá vinculação da conclusão com a decisão a ser tomada pela Instância Executiva.

Essa utilidade reside no fato de ampliar a discussão, tornar público os impasses sobre determinado serviço comum, onde os interessados – municípios envolvidos e Estado – demonstrem as possibilidades e possíveis soluções apresentando todas as variáveis envolvidas, e a população possa opinar e sugerir caminhos. Toda essa discussão estará materializada na ata e esta servirá para instruir a decisão, que será motivada.

Assim, além de tornar pública a eventual polêmica e propiciar a participação, outra faceta da utilidade da audiência é buscar a eficiência no agir da administração. Mais uma vez Lúcia Valle Figueiredo:

> A administração pública deve agir com eficiência, segundo a Emenda Constitucional 19/98. Agir com eficiência significa contemplar todas as possibilidades de obter o melhor contrato, a melhor decisão (sobretudo legitima por obter o consenso dos administrados), possibilitando, sem dúvida, que se discuta amplamente os modelos e que, ademais, tais modelos possam estar estribados em fortes elementos de convicção e nunca dependam de escolhas discricionárias, sem limites, portanto, até arbitrárias da Administração, sem peias ou amarras.
> É preciso que a administração conte com a efetiva colaboração popular, a fim de que haja administração concertada, administração participativa consensual.[304]

Com fundamento na eficiência e na concretização da melhor decisão para a solução de determinado serviço comum na Região Metropolitana, no caso de não existir consenso na instância decisória o assunto deverá ser submetido à população mediante o instrumental jurídico audiência pública.

No que diz respeito à instância colegiada deliberativa, deverá ser estabelecido *equilíbrio* de forças entre Estado, munícipios mais fortes ou empoderados e município menores, cuja participação será representativa. Ou seja, do total de municípios menores será estabelecido um quantitativo de representatividade, por exemplo: se o número de municípios menores for 16 (dezesseis) e esse grupo tem direito a 4 (quatro) assentos no colégio deliberativo, tais representantes deverão ser eleitos em assembleia própria. Deverá contar com a participação popular – referida participação será oriunda de processo de escolha da

---

[304] *Ibidem*, p. 14.

sociedade civil organizada, pelo qual se garantirá eleição dos representantes. Essa proposta tem esteio no princípio da igualdade. Celso Antônio Bandeira de Mello, com base em Gaston Jèze, ensina:

> O princípio da isonomia ou igualdade dos administrados em face da administração firma a tese de que esta não pode desenvolver qualquer espécie de favoritismo ou desvalia em proveito ou detrimento de alguém.
>
> [...]
>
> Com relação ao gozo ou fruição dos serviços públicos, a administração está, igualmente, obrigada, sempre pelo mesmo fundamento, a prestá-lo a todos os cidadãos, sem discriminações.[305]

E, ainda, essa instância colegiada terá a competência de constituir grupos temáticos, para aprofundamento de estudos técnicos e problemas de alta complexidade, cujo resultado será a base de decisão e deliberação.

A viabilização dos projetos e sua fiscalização será efetuada por uma pessoa jurídica da administração direta ou uma autarquia em regime especial, agência reguladora, que terá como missão precípua a articulação com os municípios integrantes da região metropolitana visando ao cumprimento das funções públicas de interesse comum. Essa articulação poderá ocorrer por meio de convênios ou de consórcios.[306]

No ambiente da governança, a questão financeira[307] ganha relevo. Portanto, mecanismos para garantir recursos financeiros deverão ser instituídos e um caminho possível é a criação de um fundo e a previsão anual nos respectivos orçamentos de aportes de recursos a título de colaboração, bem como as eventuais sobras ou *"float"*[308] das tarifas

---

[305] BANDEIRA DE MELLO, Celso Antônio. *Curso de direito administrativo.* São Paulo: Malheiros, 2015, p. 83-84.

[306] A Lei nº 11.107/05 instituiu os Consórcios Públicos, o Decreto nº 6.017/07 o regulamentou e definiu consórcio público como pessoa jurídica formada exclusivamente por entes da Federação, na forma da Lei no 11.107, de 2005, para estabelecer relações de cooperação federativa, inclusive a realização de objetivos de interesse comum, constituída como associação pública, com personalidade jurídica de direito público e natureza autárquica, ou como pessoa jurídica de direito privado sem fins econômicos

[307] Não é o objetivo do presente trabalho discutir os meios de garantir recursos para a gestão da região metropolitana. Uma indicação de leitura para o tema é a tese de doutoramento da pesquisadora Sol Garson Braule Pinto, apresentada em 2007, no programa de pós-graduação em Planejamento Urbano e Regional da UFRJ.

[308] No transporte público de passageiros, quando há conta de arrecadação, todo o dinheiro pago na catraca é destinado à conta. Desse valor são pagos os concessionários – incluindo todas as gratuidades – e há sempre uma quantia de sobra o denominado *"float"*. Referido

cobradas pela prestação de serviço público poderão ser revertidas ao caixa dos serviços comuns.

Conforme se denota, o Estatuto da Metrópole estabelece os instrumentos do desenvolvimento urbano integrado e de governança interfederativa. Assim, elabora-se o planejamento que será aprovado pelo Conselho Deliberativo, com a colaboração dos eventuais grupos temáticos. Será aprovado pelo Conselho Executivo, com sua concretização, mediante plano que será aprovado por lei estadual. Sua execução poderá ser efetivada pela (i) agência; (ii) por um dos municípios ou conjunto deles; (iii) por um setorial do Estado federado. O caso concreto definirá a execução e o meio que ela ocorrerá, ou seja, execução direta ou delegação ao particular.[309]

Com a estrutura de governança instituída, qualquer ação que se pretenda iniciar pelos setoriais integrantes da área metropolitana e que tenha relação direta com os serviços comuns, deverá ser comunicada previamente, para conhecimento e verificação com relação ao definido no plano metropolitano. A ausência desse encaminhamento ou a execução em desconformidade com o plano metropolitano autoriza aquela pessoa jurídica, criada para a execução e implementação dos serviços comuns, a exigir sua adequação.

A utilização do instrumental governança, que é capacidade de governar, isto é, de planejar, formular e implementar políticas públicas entre os integrantes da região metropolitana, tem início com a vontade política e institucional de criar a identidade metropolitana, passando pela efetivação e criação de um ambiente institucional e jurídico que garanta espaço para efetiva negociação e trato dos serviços comuns, bem como segurança jurídica para todos que possam se relacionar com essa estrutura. Quais sejam: organismos financeiros – responsáveis por liberação de empréstimos; iniciativa privada, particulares e prestadores de serviços públicos.

Essa estrutura e ferramentas trazidas pelo Estatuto da Metrópole têm por finalidade garantir a eficiência e equidade na prestação dos serviços públicos de interesse comum. Em outro giro, essa garantia se materializa por meio dos instrumentos de governança metropolitana interfederativa.

---

valor poderá ser revertido ou para o próprio serviço ou para a conta dos serviços comuns. O que definirá a decisão será o caso concreto.

[309] As modalidades de delegação são a concessão ordinária – Lei nº 8.987/95; e a parceria público-privada – Lei nº 11.079/04.

CONCLUSÃO

O caminho percorrido até aqui pretende incluir na agenda a oportuna e necessária discussão para que se avance na busca de soluções efetivas ao espaço da metrópole. Como já dito, por sua atualidade e complexidade, o tema carece de amplo debate e não se esgota neste trabalho. A contribuição aqui dada – para além do próprio questionamento à comunidade acadêmica – está materializada em uma sugerida forma de estruturar a instância executiva e deliberativa das regiões metropolitanas e aglomerações urbanas.

É nesse contexto que se conclui o estudo, trazendo os seguintes apontamentos:

1 Região metropolitana é espaço urbano com continuidade territorial, com alta densidade populacional, relevância política e socioeconômica em nível nacional ou regional, onde está determinada a possibilidade do agrupamento compulsório de municípios, que reclama o trato e solução de funções públicas de interesse comum, cuja instituição se dará por lei complementar de competência do Estado, nos termos do artigo 25, parágrafo 3º da Constituição Federal.

2 A positivação da região metropolitana, aglomeração urbana e microrregião, encontra-se no campo da discricionariedade legislativa e será decorrência da edição de lei complementar, seu exercício engloba planejamento.

3 O planejamento é atividade que visa à satisfação do interesse público, materializa-se por meio do plano e tem caráter obrigacional, vinculando o Estado-membro, os municípios e os órgão integrantes da região metropolitana.

4 Essa compreensão deflui do federalismo de cooperação, intrínseco do Texto Constitucional pátrio. Entenda-se que o federalismo de cooperação, que evoluiu para o federalismo assimétrico, exige um mapeamento das diferenças existentes no Estado, com vistas a buscar a melhor solução para garantir às unidades federais a igualdade, levando-se em conta que os arranjos institucionais propostos devem estar em consonância com as desigualdades existentes.

Assim, o federalismo assimétrico resultará na formulação de mecanismos jurídicos voltados a acomodar a diversidade. Estes, conjugados com a cooperação intergovernamental, resultam no federalismo solidário.

5 A Constituição Federal de 1988, em razão da conformação continental, dos hiatos socioeconômicos, da consequente dificuldade enfrentada pelas cidades brasileiras, dedicou capítulo à Política Urbana. Por conseguinte, várias leis de caráter geral e específico foram editadas. No que diz respeito à metrópole, temos a edição da Lei Federal nº 13.089/2015, denominada Estatuto da Metrópole, que estabeleceu diretrizes gerais para o planejamento, a gestão e a execução de funções públicas de interesse comum em regiões metropolitanas e em aglomerações urbanas instituídas pelos Estados, normas gerais sobre o plano de desenvolvimento urbano integrado e outros instrumentos de governança interfederativa. Diante da legislação, a questão que se coloca em relevo é se existe a possibilidade jurídica de se falar em governança interfederativa, diante das competências dos entes federados delineadas na Constituição Federal.

As competências foram traçadas em razão do primado do interesse e, do ponto de vista estrutural, temos uma construção verticalizada, na qual a União tem interesse geral; o Estado-membro, regional; e o município, interesse local. Dessa análise, o interesse local é dinâmico e se refere a serviços ou obras que interessam preponderantemente a determinado município em determinado lapso temporal, exigindo do intérprete, para se chegar a esta conclusão, o minucioso exame do caso concreto.

A instituição da região metropolitana é resultado da existência de funções públicas de interesse comum, portanto, por meio de comprovações técnicas foi constatada a existência de serviços comuns. Assim, fica evidente que os municípios, de forma isolada, não são capazes de prestar os serviços necessários, ensejando, a título de solução mais adequada, a colaboração do Estado enquanto autoridade regional. É nesse fato que reside a transição entre o interesse local do município para o interesse regional do Estado. Aqui não se discute sobre a competência,

CONCLUSÃO | 173

mas a condição real de deslocamento do interesse, que por si obriga uma solução compartilhada entre os integrantes da região metropolitana. Esse interesse comum será delineado na lei instituidora da região metropolitana. Portanto, é possível se falar em governança interfederativa.

6 Diante do texto constitucional, do federalismo assimétrico, e embasada na decisão da Adin 1842/RJ, as regiões metropolitanas, aglomerações urbanas e microrregiões não são entidades políticas, mas entes com função administrativa e executória. A participação dos municípios é compulsória e essa compulsoriedade não é incompatível com a autonomia municipal, bem como a gestão compartilhada dos serviços de interesse comum será de responsabilidade do condomínio dos entes federados. A obrigatoriedade de gestão associada não diz respeito à transferência de competências municipais para o Estado. Nesse sentido, o Estatuto da Metrópole, Lei Federal nº 13.089/2015, estabelece que a titularidade das funções públicas de interesse comum pertence ao conjunto de entes que integram a região metropolitana.

7 Disso decorre que, no condomínio interfederativo, a participação é do Estado-membro conjuntamente com os municípios integrantes da região, sendo certo que essa participação não pode ser obstaculizada.

8 A Lei nº 13.089, de 12 de janeiro de 2015, denominada Estatuto da Metrópole, possui um núcleo central que é o plano de desenvolvimento integrado e o estabelecimento da governança interfederativa. A governança é o instrumento para se alcançar a coesão entre todos os atores desse ambiente para a ação conjunta que visa ao equilíbrio e tratamento igualitário a todos integrantes das localidades regionais.

9 A palavra governança tem sido utilizada indiscriminadamente no âmbito da administração pública. Ela não se confunde com governo – conjunto de pessoas que determinam a orientação política de uma determinada sociedade – e também não se confunde com governabilidade (situações fiscais, políticas, estruturais que mantêm a possibilidade de gestão). Governança pública é um instrumento que visa a garantir ações de planejamento, de formulação e implementação de políticas públicas.

10 A Governança Pública está relacionada à boa administração e intimamente ligada ao princípio da eficiência que é o dever do bom governo. Em outro giro, é o dever que o administrador público tem de observar todos os princípios que regem a administração pública, com a finalidade de perseguir o interesse público e alcançar a igualdade para todos que estão sob sua responsabilidade.

11 A gestão associada interfederativa deve partir do entendimento conjunto da necessidade de uma identidade metropolitana. Ou seja, que aquele grupo de munícipios, independente de desejos pessoais ou políticos, integra uma localidade com grandes dimensões econômicas, com potencial de crescimento, que possuem problemas comuns e questões sociais que precisam urgentemente de solução adequada para a população. Que dessa união solidária os resultados serão sempre positivos. A sociedade civil de cada município e do Estado-membro deve conhecer os problemas relativos aos serviços comuns, propiciando o intercâmbio de informação sobre as demandas necessárias de solução. Essa interação gerará um ciclo virtuoso, no qual a troca de experiências exitosas ou o compartilhamento de problemas poderá gerar soluções.

12 A gestão metropolitana ou a governança deverá ser estruturada com uma instância executiva (Conselho ou Assembleia Executiva) e uma deliberativa (Conselho Deliberativo). A instância executiva tem poder de decisão superior, ou seja, se o Conselho Deliberativo atuar de modo adequado e aderente às necessidades do grupo, suas decisões serão aprovadas; caso contrário, rejeitadas. A instância executiva, o Conselho ou Assembleia Executiva, será composta por representantes do Estado e de todos os municípios integrantes da região. Para impedir a disfunção e possibilitar o empoderamento dos municípios, o voto do Estado terá peso de modo a garantir o equilíbrio nas decisões. Em havendo empate na instância Executiva, o assunto deverá ser solucionado em audiência pública, cujo prazo de instalação deverá estar previamente fixado na lei instituidora.

13 A execução poderá ser efetivada por (i) autarquia em regime especial – agência; (ii) por um dos municípios ou conjunto deles; (iii) por um setorial do Estado Federado. O caso concreto definirá a execução e o meio que ela ocorrerá, ou seja, execução direta ou delegação ao particular.

REFERÊNCIAS

AGÊNCIA NACIONAL DE ÁGUAS. *O Comitê de Bacia Hidrográfica*: prática e procedimento. Brasília: SAG, 2011.

AGRA, Walber de Moura. Delineamento das competências federativas no Brasil. In: NOVELINO, Marcelo; ALMEIDA FILHO, Agassiz. *Leituras complementares de Direito Constitucional*: Teoria do Estado. Salvador: Juspodivm, 2009.

AGUIAR, Joaquim Castro. *Direito da cidade*. Rio de Janeiro: Renovar, 1996.

ALMEIDA, Fernanda Dias Menezes de. Considerações sobre o rumo do Federalismo nos Estados Unidos e no Brasil. In: *Revista de Informação Legislativa*, Brasília, ano 24, n. 96, out./dez. 1987.

ALVES, Alaôr Caffé. *Planejamento metropolitano e autonomia municipal no direito brasileiro*. Dissertação (Mestrado em Direito) - Faculdade de Direito, Universidade de São Paulo, 1979.

_____. *Planejamento metropolitano e autonomia municipal no direito brasileiro*. São Paulo: Editor José Bushatsky, 1981.

_____. Regiões metropolitanas, aglomerações urbanas e microrregiões: novas dimensões constitucionais da organização do Estado Brasileiro. *Revista Procuradoria-Geral do Estado de São Paulo. Centro de Estudos. Revista da Procuradoria-Geral do Estado de São Paulo.* Edição especial em comemoração aos 10 anos de Constituição Federal. XXIV Congresso Nacional de Procuradores do Estado, set. 1998.

_____. Regiões metropolitanas, aglomerações urbanas e microrregiões: novas dimensões constitucionais da organização do Estado Brasileiro. *Revista de Direito Ambiental*, São Paulo, n. 21, 2001.

ANDERSON, George. *Federalismo*: uma introdução. Trad. Ewandro Magalhães Júnior e Fátima Guerreiro. Rio de Janeiro: FGV, 2009.

ARAÚJO, Luiz Alberto David; NUNES JUNIOR, Vidal Serrano. *Curso de direito constitucional*. 20. ed. São Paulo: Saraiva, 2016.

ARISTÓTELES. *Política, livro I*. Trad. Mario Gama Kury. Brasília: Editora Universidade de Brasília, 1985.

AZEVEDO, Eurico de Andrade. Regiões Metropolitanas no Brasil e seu Regime Jurídico. In: *Estudos sobre o amanhã – Regiões Metropolitanas*. Caderno n. 1. Coedição Instituto Metropolitano de Estudos e Pesquisas Aplicadas da FMU (Imepa). São Paulo: Resenha Universitária, 1978.

_____. Instituições de regiões metropolitanas no Brasil. In: *Revista Brasileira dos Municípios*, v. 20, jul./dez. 1967.

AZEVEDO, Sergio; MARES GUIA, Virginia R. dos. Reforma do Estado e federalismo os desafios da governança metropolitana. In: *O Futuro das metrópoles – desigualdade e governabilidade*. 2. ed. Rio de Janeiro: Letra Capital, 2015.

BANDEIRA DE MELLO, Celso Antônio. Curso de Direito Administrativo. 27. ed. São Paulo: Malheiros, 2015.

BARACHO, José Alfredo de Oliveira. Teoria geral do federalismo. Rio de Janeiro: Forense,1986.

BARROSO, Luís Roberto. Saneamento básico competências constitucionais da União, Estados e Municípios. *Revista Eletrônica de Direito Administrativo Econômico – RDAE*, n.11, 2007.

BASTOS, Celso Ribeiro (org.). *Por uma nova federação*. São Paulo: Revista dos Tribunais, 1995.

_____. *Curso de direito constitucional*. 22. ed. atual. por Samantha Meyer-Pflug. Pref. Gilmar Ferreira Mendes. São Paulo: Malheiros, 2010.

_____. *Curso de Teoria do Estado e Ciência Política*. 6. ed. São Paulo: Saraiva, 2002.

BASTOS, Celso Ribeiro. *Curso de Teoria do Estado e Ciência Política*. 4. ed. São Paulo: Saraiva, 1999.

BEVILÁQUA, Clóvis. Conceito de Estado. *Revista da Faculdade de Direito de São Paulo*, v. 26, 1930.

BIANCHI, Márcia. *A controladoria como um mecanismo interno de governança corporativa e de redução dos conflitos de interesse entre principal e agente*. Dissertação (Mestrado em Ciências Contábeis). São Leopoldo: UNISINOS, 2005.

BOBBIO, Norberto. *Estado Governo Sociedade*: para uma teoria geral da política. Trad. Marco Aurélio Nogueira. Rio de Janeiro: Paz e Terra, 1987.

BONAVIDES, Paulo. *Ciência Política*. 23. ed. São Paulo: Malheiros, 2016.

_____. *Teoria do Estado*. São Paulo: Malheiros, 2015.

BRASIL. Lei Complementar nº 14, de 8 de junho de 1973. Estabelece as regiões metropolitanas de São Paulo, Belo Horizonte, Porto Alegre, Recife, Salvador, Curitiba, Belém e Fortaleza.

BRASIL. Senado Federal. Anais da Constituição de 1967, 6º volume, tomo II, Brasília, 1970.

BRASIL. Supremo Tribunal Federal. ADI n. 1842/RJ. Rel. Ministro Luiz Fux. Red. Gilmar Mendes. DJ 13/09/2013. Ementário 2701. Tópico 3.

BRASIL. Supremo Tribunal Federal. ADI n. 1841/RJ. Rel. Ministro Carlos Veloso, DJ 29/02/2002.

BRASIL. Supremo Tribunal Federal. ADI n. 796/ES. Rel. Ministro Néri da Silveira, DJ 17/12/1999.

BRITO, Fausto; SOUZA, Joseane de. Expansão urbana nas grandes metrópoles: o significado das migrações intrametropolitanas e da mobilidade pendular na reprodução da pobreza. *São Paulo Perspec*, v. 19, n. 4, São Paulo, out./dez. 2005. Disponível em: <http://dx.doi.org/10.1590/S0102-88392005000400003>.

BULOS, Uadi Lammêgo. *Constituição Federal Anotada*. São Paulo: Saraiva, 2009.

BURDEAU, Georges. *O estado*. Trad. Maria Ermantina de Almeida Prado Galvão. São Paulo: Martins Fontes, 2005.

CAAMAÑO, Francisco. Federalismo assimétrico: La impossibel renuncia al equilíbrio. *Revista Española de Derecho Constitucional*, n. 55, ano 19.

CAMPOS, Valéria Nagy de Oliveira; FRANCALANZA, Ana Paula. Governança das águas no Brasil: conflitos pela apropriação da água e a busca da integração como consenso. *Ambiente & Sociedade*, v. 13, n. 2, Campinas, 2010.

CANOTILHO, J. J. Gomes. *Direito Constitucional e Teoria da Constituição*. Coimbra: Almedina, 2003.

CONSELHO NACIONAL DE SECRETÁRIOS DE SAÚDE – CONASS. Programa de Informação e apoio técnico às novas Equipes Gestora Estaduais de 2003. Disponível em: <http://bvsms.saude.gov.br/bvs/publicacoes/para_entender_gestao.pdf>. Acesso em: 29 ago. 2016.

CORREIA. Fernando Alves. *Manual de direito do urbanismo*, vol. I. 4. ed. Coimbra: Almedina, 2008.

COULANGES, Fustel. *A cidade antiga*. Disponível em: <http://www.ebooksbrasil.org/eLibris/cidadeantiga.html>.

DALLARI, Dalmo de Abreu. *Elementos de Teoria Geral do Estado*. São Paulo: Saraiva, 1995.

DAVID ARAÚJO, Luiz Alberto; NUNES JÚNIOR, Vidal Serrano. *Curso de direito constitucional*. 20. ed. São Paulo: Saraiva, 2016.

DEL VECCHIO, Giorgio. *Philosophie du Droit*. Trad. J. Alexis D'Aynac. Paris: Dalloz, 1953.

DI SARNO, Daniela Campos Libório. Competências urbanísticas. In: DALLARI, Adilson Abreu; FERRAZ, Sérgio (org.). *Estatuto da Cidade* (Comentários à Lei Federal nº 10.257/2001). 4. ed. São Paulo: Malheiros, 2014.

DINAMARCO, Candido Rangel. *A instrumentalidade do processo*. São Paulo: Malheiros, 2001.

DROMI, José Roberto. *Derecho administrativo*. 9. ed. Buenos Aires: Ciudad Argentina, 2001.

DRUCKER, Peter F. As novas realidades. Trad. Carlos Afonso Malferrari. 3. ed. São Paulo: Pioneira, 1991.

ELLIOT & Bryan TURNER. *On society*. apud *Revista Brasileira de Ciências Sociais*, vol. 28, n. 82, São Paulo, jun. 2013. Disponível em: <http://dx.doi.org/10.1590/S0102-69092013000200014>.

ENGELS, Friedrich. A situação da classe trabalhadora na Inglaterra. São Paulo: Boitempo, 2008.

ESPINOZA, Rodrigo Freitas. Desafios e avanços na governança das águas: apontamentos da literatura sobre a gestão descentralizada de recursos hídricos no Brasil. *Caderno Eletrônico de Ciências Sociais*, v. 1, n. 1, Vitória, 2013.

FAGUNDES, Miguel Seabra. *O controle dos atos administrativos pelo Poder Judiciário*. 6. ed. São Paulo: Saraiva, 1984.

FERRAZ JUNIOR. Tércio Sampaio. O novo pacto federativo. In: *Revista do Serviço Público*, ano 45, v. 118, n. 1, jan./jul. 1994.

FERRAZ, Sergio. Regiões metropolitanas no direito brasileiro. *Revista de Direito Público (RDP)*, n. 37, 38, ano VII. São Paulo: Revista dos Tribunais, 1976.

FERREIRA FILHO, Manoel Gonçalves. *Comentários à Constituição Brasileira de 1988*. São Paulo: Saraiva, 1990.

_____. *Curso de direito constitucional.* 40. São Paulo: Saraiva, 2015.

FERREIRA, Pinto. *Princípios gerais do direito constitucional moderno,* tomo I. 2. Rio de Janeiro: José Konfino, 1954.

FIGUEIREDO, Lúcia Valle. Competências administrativas dos Estados e Municípios. In: *Revista de Direito Administrativo,* v. 207, 1997, p. 2. Disponível em: <http://bibliotecadigital. fgv.br/ojs/index.php/rda/article/view/46934/46290>. Acesso em: 23 jul. 2016.

_____. *Curso de direito administrativo.* 8. ed. São Paulo: Malheiros, 2008.

_____. Instrumentos da administração consensual: a audiência pública e sua finalidade. Salvador, *Revista Eletrônica de Direito Administrativo,* n. 11 2007.

_____. O devido processo legal e a responsabilidade do estado por dano decorrente do planejamento. *GÊNESIS – Revista de direito administrativo aplicado,* Curitiba, set. 1995.

FRACALANZA, Ana Paula e SINISGALL, Paulo Antonio de Almeida. Conflitos de uso da água do reservatório Billings. In: JACOBI, P. R. (org). Atores e processos na governança da água no estado de São Paulo. São Paulo: Annablume, 2015.

GOVERNO DO ESTADO DE SÃO PAULO-SECRETARIA DO INTERIOR E FUNDAÇÃO PREFEITO FARIA LIMA-CEPAM. AMBROSIS, Clementina de (coord.). *Boletim do Interior,* v. 16, n. 8, ago. 1983.

GRANJA, S. I. B.; WARNER, J. A hidropolítica e o federalismo: possibilidades de construção da subsidiariedade na gestão das águas no Brasil? *Revista de Administração Pública,* Rio de Janeiro, v. 40, n. 6, nov./dez. 2006.

FRANCO, Afonso Arinos de Mello. *Algumas instituições políticas no Brasil e nos Estados Unidos.* Rio de Janeiro: Forense, 1975.

FRESCA, Tania Maria. Uma discussão sobre o conceito de metrópole. *Anpege – Associação Nacional de Pós-Graduação em Geografia.* v. 7, n. 8., Dourados-MS, 2011.

FURTADO, Celso. *Perspectivas da economia brasileira.* Rio de Janeiro. Instituto Superior de Estudos- ISEB, 1958.

GOVERNO DO ESTADO DE SÃO PAULO. *Rede urbana e regionalização do Estado de São Paulo.* Emplasa, Seade, Secretaria do Planejamento e Desenvolvimento Regional e Secretaria de Desenvolvimento Metropolitano do Estado de São, 2011. Disponível em: <http://www.emplasa.sp.gov.br/Cms_Data/Sites/Emplasa/Files/Documentos/Projetos/RED_REG_Livro_miolo_em_baixa.pdf>. Acesso em: 24 jul. 2016.

GOVERNO DO ESTADO DE SÃO PAULO-SECRETARIA DO INTERIOR E FUNDAÇÃO PREFEITO FARIA LIMA-CEPAM. AMBROSIS, Clementina de (coord). Boletim do Interior, v. 16, n. 8, ago.1983.

GRAU, Eros Roberto. *Planejamento econômico e regra jurídica.* São Paulo: Revista dos Tribunais, 1977.

_____. *Regiões metropolitanas regime jurídico.* São Paulo: Editor José Bushatsky, 1974.

GROPPALI, Alexandre. Doutrina do Estado. Trad. Paulo Edmur de Souza Queiroz. 2. ed. São Paulo: Saraiva, 1968.

REFERÊNCIAS | 179

GROTTI. Dinorá Mussetti. Perspectivas para o federalismo. In: BASTOS, Celso Ribeiro (org.). Por uma nova federação. São Paulo: *Revista dos Tribunais*, 1995.

HANS, Kelsen. *Teoria pura do direito*. Trad. João Baptista Machado. São Paulo: Martins Fontes, 2006.

HERNÁNDEZ, Antonio Maria. *Federalismo, Autonomía Municipal y Ciudad de Buenos Aires en la Reforma Constitucional de 1994*. Bueno Aires: Depalma, 1997.

HOLANDA, Sérgio Buarque de. *Raízes do Brasil*. São Paulo: Companhia da Letras, 2015.

HORTA, Raul Machado. *Federalismo: Federação e Reforma Constitucional*. Conferência proferida no 4º Encontro Nacional de Direito Constitucional, 31.08.1995, no salão Nobre da Faculdade de Direito da Universidade de São Paulo, promovida pela Associação Brasileira dos Constitucionalistas – Instituto Pimenta Bueno.

IANNI, Octavio. *Estado e Planejamento Econômico no Brasil*. Rio de Janeiro: UFRJ, 2010.

IBGE. *Censo Demográfico de 2010*. Disponível em: <http://www.censo2010.ibge.gov.br/sinopse/index.php?dados=11&uf=00>. Acesso em: 07 jun. 2016.

INFOESCOLA. *Capitanias hereditárias*. Disponível em: <http://www.infoescola.com/historia/capitanias-hereditarias/>. Acesso em: 22 abr. 2016.

IPEA. *Caracterização e quadros de análises comparativas de governança metropolitana no Brasil*: Arranjos Institucionais da gestão metropolitana. Disponível em: <http://ipea.gov.br/redeipea/images/pdfs/governanca_metropolitana/rel_1_1_caracterizacao_rmsp.pdf>. Acesso em: 09 set. 2016.

JELLINEK, Georg. *Teoría general del estado*. Trad. Fernando Rios. Buenos Aires: Editorial Albatroz, 1973.

KANT, Immanuel. *A fundamentação da metafísica dos costumes*. Trad. (primeira parte) Célia Aparecida Martim. Petrópolis: Vozes, 2013.

KJAER, Anne Mette. *Governance*. Cambridge: Polity-Press, 2004.

LACERDA, Norma; MENDES ZANCHETI, Sílvio; DINIZ, Fernando. Planejamento metropolitano: uma proposta de conservação urbana e territorial. *EURE (Santiago)*, Santiago, v. 26, n. 79, 2000. Disponível em: <http://www.scielo.cl/scielo.php?script=sci_arttext&pid=S0250-71612000007900005&lng=es&nrm=iso>. Acesso em: 04 out. 2016.

LIBÓRIO. Daniela Campos. Competências urbanísticas. In: DALLARI, Adilson Abreu; FERRAZ, Sergio (org.). *Estatuto da cidade, comentários à lei federal nº 10.257/2001*. São Paulo: Malheiros, 2014.

LIVERANI, Mario. *L'origine delle città*. Roma: Editori Riuniti, 1986.

LOBO, Tereza Descentralização: conceitos, princípios, práticas governamentais. *Caderno de Pesquisa - Fundação Carlos Chagas*, São Paulo, Autores Associados, n. 74, São Paulo, 1990.

LÖFFLER, Elke. Governance: Die neue Generation von Staats- und Verwaltungs- modern-isierung. *Verwaltung + Management*, v. 7, n. 4, 2001.

LOPES, Juarez Rubens Brandão. *Desenvolvimento e mudança social*. São Paulo: Companhia Nacional, 1976.

MARICATO. Metrópole, legislação e desigualdade. *Instituto de Estudos Avançados da Universidade de São Paulo*, Estud. av., v.17, n.48, São Paulo, mai./ago. 2003, Disponível em: <http://www.scielo.br/scielo.php?script=sci_arttext&pid=S0103-40142003000200013#nota1>.

MARQUES, Maria da Conceição da Costa Marques. Aplicação dos princípios da governança corporativa ao setor público. *Revista de Administração Contemporânea*, v. 11, n. 2, Curitiba, abr./jun. 2007.

MARTINEZ, Juan Carlos Covilla. *Las Administraciones metropolitanas*. Bogotá: Universidade Externado de Colômbia, 2010.

MAZZONI, Pierandrea. *La proprietà*: procedimento: pianificazione del territorio e disciplina della proprietà. Milano: A. Giuffrè, 1975.

MEIRELLES, Hely Lopes. Direito Municipal Brasileiro. 17. ed. atual. por Celia Maria Prendes e Marcio Schneider Reis. São Paulo: Malheiros, 2013.

MÊNCIO, Mariana. O regime jurídico do plano diretor das regiões metropolitanas. Tese (Doutorado) - Pontifícia Universidade Católica de São Paulo, São Paulo, 2015.

MEYER, Regina Maria Prosperi; GROSTEIN, Marta Dora; BIDERMAN, Ciro. *São Paulo Metrópole*. São Paulo: Edusp, 2004.

MIRANDA, Jorge. *Manual de Direito Constitucional – Preliminares*. O estado e outros sistemas constitucionais, tomo I. Coimbra: Almedina, 2004.

_____. *Manual de direito constitucional*. Tomo III. Estrutura constitucional do Estado. 5.ed. Coimbra: Coimbra Editora, 2004.

MOREIRA NETO, Diogo de Figueiredo. *Planejamento estatal, curso de direito administrativo*. 15. ed. Rio de Janeiro: Forense, 2009, p.586.

_____. Poder concedente para o abastecimento de água. *Revista de Direito da Associação dos Procuradores do Novo Estado do Rio de Janeiro*, n. 1, 1999.

MOURA FILHA, Maria Berthilde. Discurso, imagem e desenho de uma cidade no Brasil do século XVI. In: *IX Seminário de História da Cidade e do Urbanismo*. São Paulo, 4 a 6 set. 2006.

OLIVEIRA. Ricardo Vitalino. *Federalismo assimétrico brasileiro*. Belo Horizonte: Arraes, 2012.

ORGANIZAÇÃO DAS NAÇÕES UNIDAS. Departamento de Informação Pública. Rio +20 – o futuro que queremos: fatos sobre as cidades. Rio de Janeiro, jun. 2012. Disponível em: <http://www.onu.org.br/rio20/cidades.pdf>. Acesso em: 10 abr. 2016.

PINTO, Garson Braule. *Regiões Metropolitanas obstáculos institucionais à cooperação em políticas urbanas*. Tese de doutorado, Rio de Janeiro (Programa de Pós-Graduação em Planejamento Urbano e Regional). Universidade Federal do Rio de Janeiro – UFRJ, 2007.

PIRES, Lilian Regina Gabriel Moreira; PIRES, Antonio Cecilio Moreira. Estado e mobilidade urbana. In: *Mobilidade urbana*: desafios e sustentabilidade. São Paulo: Ponto e Linha, 2016.

PIRES, Lilian Regina Gabriel. *Função social da propriedade urbana e o plano diretor*. 1. ed. Belo Horizonte: Fórum, 2005.

PRESTES, Vanesca Buzelato. Plano Diretor, Estudo de Impacto de Ambiental (EIA) e Estudo de Impacto de Vizinhança (EIV): um diálogo. In: *Revista de Direito Ambiental*. São Paulo: Revista dos Tribunais, v.42, abr./jun.2006.

RAMIRES, Júlio Cesar de Lima. O processo de verticalização das cidades. *Boletim de Geografia da Universidade Federal de Maringá*, v. 16, n.1, 1998

RAMOS, Dircêo Torrecillas. *O federalismo assimétrico*. 2. ed. Rio de Janeiro: Forense, 2000.

REFERÊNCIAS | 181

RAMOS, Elival da Silva. Normas gerais de competência da União e competência supletiva dos Estados: a questão dos agrotóxicos. *Revista de Direito Público*, ano XIX, n. 77, jan./mar. 1986.

RIBEIRO, Luiz César de Queiroz; SANTOS JUNIOR, Orlando Alves; RODRIGUES, Juciano Martins. *Estatuto da Metrópole*: o que esperar? Avanços, limites e desafios. Disponível em: <http://www.observatoriodasmetropoles.net/index.php?option=com_k2&view=item&id=1148:estatuto-da-metr%C3%B3pole-avan%C3%A7os-limites-edesafios&Itemid=180&lang=en>. Acesso em: 16 jul. 2016.

ROSENAU, James N. Governança. Ordem e Transformação na Política Mundial. In: ROSENAU, James N.; CZEMPIEL, Ernst-Otto. *Governança sem governo*: ordem e transformação na política mundial. Brasília: UnB, 2000.

ROUSSEAU. Jean Jaques. *O contrato social*, col. Os Pensadores. São Paulo: Abril, 1983.

ROVIRA, Enoch Alberti. El federalismo actual como federalismo cooperativo. In: *Revista Mexicana de Sociologia*, v. 58, n. 4, oct./dec. 1996.

SALVETTI NETTO, Pedro. *Curso de ciência política*: Teoria do Estado. vol. I. São Paulo: Ed. Hemeron, 1977.

_____. *Curso de ciência política*: Teoria do Estado. v. I. São Paulo: Resenha Universitária, 1975.

SANGUINETTI, Horácio. *Curso de derecho politico*. 4.ed . Buenos Aires: Astrea, 2000.

SANTOS, Maria Helena de Castro. Governabilidade, Governança e Democracia: Criação de Capacidade Governativa e Relações Executivo-Legislativo no Brasil Pós-Constituinte. *Instituto de Estudos Sociais e Políticos (IESP) da Universidade do Estado do Rio de Janeiro (UERJ)*, v. 40, n. 3, Rio de Janeiro, 1997. Disponível em: <http://www.scielo.br/scielo.php?script=sci_arttext&pid=S0011-52581997000300003>. Acesso em: 26 set. 2016.

SANTOS, Milton. *A urbanização brasileira*. 5. ed. São Paulo: Edusp, 2009

SARASARE, Paulo. A constituição do Brasil ao alcance de todos. Rio de Janeiro: Freitas Bastos, 1967.

SAULE JUNIOR, Nelson. *Novas perspectivas do direito urbanístico brasileiro*. Ordenamento constitucional da política urbana, aplicação e eficácia do plano diretor. Porto Alegre: Sérgio Antonio Fabris Editor, 1997.

SCHIFFER, Terezinha Ramos; DEÁK, Csaba (org). *O processo de urbanização no Brasil*. São Paulo: Editora da Universidade de São Paulo, 2004.

SERRANO, Pedro Estevam Alves Pinto. *Região metropolitana e seu regime constitucional*. São Paulo: Verbatim, 2009.

SILVA, José Afonso da. *Curso de direito constitucional dispositivo*. 39. ed. rev. e atual. (até a Emenda Constitucional n. 56 de 20.12.2007). São Paulo: Malheiros, 2016.

_____. *Direito urbanístico brasileiro*. 7. ed. São Paulo: Malheiros, 2012.

SIMÕES PIRES, Maria Coeli. Descentralização e subsidiariedade. *Revista do Tribunal de Contas do Estado de Minas Gerais*, v.36, n.3, jul./set. 2000.

SJOBERG, Gideon. *Cidades a urbanização da humanidade,* trad. José Reznik. 2. ed. Rio de Janeiro: Zahar, 1972.

SOUTO, Marcos Juruena Villela. Parcerias decorrentes do Programa Estadual de Desestatização. In: *Revista de Direito da Procuradoria-Geral do Estado do Rio de Janeiro*, v. 59, 2005.

STF – Tribunal Pleno, ADIN 2.809; RS, rel. Min. Mauricio Correa, j. 25.9.2003, DJ 30.4.2004.

T. ARLTON, Charles D. Synnetry and asymmetry as elements of Federalism: a theoretical speculation. In: *The Journal of Politics*, v. 27, n. 1, feb. 1965.

TÁCITO, Caio. *Direito administrativo*. São Paulo: Saraiva, 1975.

_____. Saneamento básico – Região Metropolitana – Competência Estadual. *Revista de Direito Administrativo*, Rio de Janeiro, n. 242, out./dez., 2005.

TAVARES, André Ramos. *Direito constitucional econômico*. São Paulo: Método, 2011.

TEIXEIRA, Ana Carolina Wanderley. *Região metropolitana*: Instituição e gestão contemporânea dimensão participativa. Belo Horizonte: Fórum, 2009.

TEMER, Michel. *Elementos de direito constitucional*. 24. ed. São Paulo: Malheiros, 2012.

WEBER, Max. Conceito e categoria de cidade. Trad. Antônio Carlos Pinto Peixoto. In: VELHO, Otávio Guilherme (org.). *Fenômeno urbano*. 4. ed. Rio de Janeiro: Zahar, 1979.

_____. *The theory of social and economic organization*. New York: Oxford University Press, 1947.

ZHOURI, Andréa. Justiça ambiental, diversidade cultural e accountability: desafios para a governança ambiental. *Revista Brasileira de Ciências Sociais*, São Paulo, v. 23, n. 68, out. 2008.

ZIMMERMANN, Augusto. *Teoria geral do federalismo democrático*. 2. ed. Rio de Janeiro: Lumen Juris, 2005.

Esta obra foi composta em fonte Palatino Linotype, corpo
10 e impressa em papel Offset 75g (miolo) e Supremo
250g (capa) pela Laser Plus em Belo Horizonte/MG.